科學童萌

U0087690

想像力面對面

我的故事大冒險

黃正華、劉旭恭／文　　　許增巧／圖

三民書局

推薦序

人們都喜歡好故事，因為好故事讓人感到好奇、感動，各樣的心情體驗常在閱讀故事的過程中冒出來。也因此，當我們看到歷代文學家寫出精彩的故事時，從來都不會看膩。哈利波特、金庸小說，都是偉大的作品，而像是伊索寓言等則是篇幅不長，但也引人入勝的故事。

人們也都喜歡美麗的畫，因為美麗的畫讓人感到舒服、愉快，在欣賞美麗的畫時，創作者的意念透過畫面講出了一段有趣的故事。也因此，當我們去美術感到看歷代藝術家的創作時，不僅看到畫面，往往也看見了自然、歷史、人文。畢卡索、張大千的畫作各有千秋，而像是艾瑞・卡爾爺爺的《好餓的毛毛蟲》則會讓孩子想一看再看。

而程式，一個未來世代最重要的能力之一，是一個可以串連故事與畫面的工具，也是承載創造力的平台，是藝術與科學的交會點。要學習程式最好的方式不是死背，而是啟發。《想像力面對面：我的故事大冒險》是一本家長、老師、孩子在教導或學習程式時值得一看的好書，因為很難有一本書讓人在故事繪本形式的行雲流水中就很自然地接觸了程式。

這樣美麗的學習，還不讓你心動嗎？

均一平台教育基金會／董事長兼執行長　呂冠緯

作者的話

之前讀到《進入數學世界的圖畫書》（安野光雅著） 裡面有個單元主題是「**奇妙的漿糊**」，內容提到自古以來，人們就能把不同東西黏起來，然後創造出全新的事物。比方說，翅膀 ＋ 天使 ＝ 有翅膀的天使、鉛筆 ＋ 橡皮擦 ＝ 尾端有橡皮擦的鉛筆、輪子 ＋ 箱子 ＝ 行李箱、粉圓 ＋ 奶茶 ＝ 珍珠奶茶……。每一個物件都有原本的功能或是個性，但是，如果我們用奇妙的漿糊，把不同的物件黏起來，就可能變成嶄新的東西。有一回，在課堂上和孩子進行想像力的練習：在黑板畫上幾個看似沒有關聯的東西，和孩子互相分享後，不管是戴帽子的西瓜、巧克力故事書，或是滑板車大象……一下子，有趣的想法像一枚又一枚煙火在教室綻放！

之後，有個孩子用「戴帽子的西瓜」寫了一個小故事、畫了幾張圖，想要用 Scratch 程式來製作故事動畫，問我應該怎麼做。這個想法很好玩，也讓我思考：用什麼方法可以把程式、故事和圖畫黏起來呢？

我是一個偏向理工腦的工程師，遇到新的事物，會想要去拆解、了解它的組成元素。我思考，故事應該也是由基本的元素所構成，如果能夠解構它，對於想要創作故事的人來說，也許依循著既有的框架，就可以寫出動人的故事吧？後來，很幸運能夠與旭恭老師展開對話，我慢慢地理解，故事從一個概念發生，很多時候探討的是故事中「關係」：角色和角色、角色和社會、角色和大自然……。不僅如此，不同角色面對問題後產生的想法，也會啟動新的對話或場景的轉換，其實很難透過通用的法則來訴說故事應該具備的元素是什

麼。我也觀察到，故事創作和程式編寫的過程，有許多類似的情境。比方說，主角遇到衝突時，他會做什麼決定？遇到一個條件判斷的問題時，程式應該如何編寫，才能充分的解決這個問題呢？

於是，奇妙的漿糊把我、旭恭老師和增巧老師黏在一起了！

這本書每個章節都是由「作家遇見工程師」的對話作為開端，一開始來自我的巨大好奇心——想挖掘繪本作家腦袋裡的想像力和創意，究竟是如何孵出來的。而對話的內容，有時試圖拋出更多的問題，邀請孩子一起來思考。我覺得孩子在不同的時間階段閱讀到這些對話，可能會有不同的體會和理解；如果孩子能夠帶著好奇，從對話的脈絡裡，找到創作的動機和想法，那就真的太好了。

「說一個故事」是經由對話、得到靈感，而誕生的故事。故事試著以簡單樸實的方式訴說，沒有安排太多高潮迭起的情節，而且每一則都是未完成的故事。希望不同的孩子遇見不同的故事的時候，可以運用自己的想像力豐富原本的故事設定，繼續接力把故事說完。如此一來，故事就有一百種、一千種，甚至上萬種可能的樣貌和結局！

「來玩程式吧！」的階段延續「說一個故事」，運用 Scratch 程式作為媒材，編寫這個故事裡令人印象深刻的段落。希望讓孩子練習將故事「抽象化」——也就是擷取故事中重要的資訊，用另一種語言，有邏輯地表達自己的想法。最後的「思考小體操」屬於程式的延伸創作，讓孩子能夠實驗更多想法，作品可以變得更獨特、更有創意。

謝謝擁有童心的旭恭老師真誠地分享，讀者得以一窺繪本作家的創作想法和生活態度。此外，與旭恭老師將近一年主題式的對談，對我來說是一段療癒之旅，很多時候也幫助我更認識自己。謝謝增巧老師為這本書的故事繪製美麗又溫暖的插畫，並且運用功能極少、視窗極小的 Scratch 繪圖工具，創造了許多質樸可愛的程式角色（真的辛苦增巧老師的眼睛了），相信孩子在編寫程式的過程，也能夠從這些角色得到更多靈感。也要謝謝編輯永捷總是很有耐心地與我們溝通章節內容，並且協助大量文字和程式內容的梳理，讓書中的每一頁都閃耀著光亮。

著有《星塵》的作家尼爾‧蓋曼說過一句話：

「只要你創造出原先沒有的事物，這世界就會比前一秒更美好！」

希望這本書成為孩子奇妙的漿糊，讓孩子能夠盡情地把世界上有趣的事物黏在一起，開啟想像力的冒險！

黃正華

作者的話

　　有一次我收到正華的邀約，他想要寫一本關於 Scratch 程式設計的書，主題是他和我以「工程師」和「作家」的身分來進行對談，這樣的構想非常特別。

　　一般的電腦程式書大多是工具書，常以指令的講解為主，目的性比較強。

　　但是這本書捨棄以往的做法，先以主題和故事的方式引導小朋友，之後再進行程式的練習，這個概念好棒！因為我們在學習時，若有明確的目標（如做出故事的動畫）或任務要解決，這樣操作起來比較不會枯燥乏味。

　　我們談論的主題很有意思，從「我是誰」、「場景」、「禮物」、「魔法」、「畫畫」、「冒險」、「失去與找到」到「幽默感」等，都是小孩感興趣的話題，有時從生活和繪本的角度來探討，可以討論得很深入。

　　我喜歡這樣的對話，有點像和筆友通信，也開始去思考以前不曾想過的問題。最近我在想，若是學校採用對話的方式，大人和小孩一起聊天，各自表達想法，互相交流，一定很有意思。

　　書裡還有正華創作的小故事，加上增巧繪製的插圖，十分溫暖可愛，也為電腦程式書增添了不少人文氣息。 Scratch 程式的指令非常簡單，小朋友可以依照步驟設計動畫或遊戲，我們家的小孩也曾經試著創作小小的動畫，真的很好玩。

這是一本圖畫書，裡面有好看的故事和圖畫。這也是一本哲學書，紀錄了工程師和作家的對談。最重要的，這是一本很棒的 Scratch 程式設計書，有詳細的指令說明和步驟練習，非常適合想要自己寫程式的小孩或大人，希望大家會喜歡這本書！

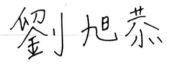

繪者的話

　　用 Scratch 說故事，我覺得是一個很新鮮的體驗。在接觸這本書的插畫工作之前，我並不知道有這種程式創作的方式，當然也不會使用。因此我的程式內電腦繪圖都是在邊做邊學的情況下完成的，很感謝正華老師在 Scratch 的使用上仔細又有耐心的指導，並且常常鼓勵我。由於製作過程剛好經歷了新冠肺炎大流行，老師將教學影片傳給我，我就一邊看影片一邊學著操作，很符合疫情期間的學習模式。

　　在我十幾年小學老師的教學生涯中，學生喜歡作文課的寥寥可數，總是要絞盡腦汁想辦法引導孩子寫作；但是不喜歡電腦課的幾乎沒有，大部分的學生使用電腦都很自動自發，只有需要提醒他電腦用太久了喔！如今竟然有一本書是用寫程式的方式來教我們寫故事，真的讓人覺得很驚奇，我也是因為這樣才答應旭恭老師幫忙繪製插圖。不過這本書的配圖跟我之前的繪製經驗很不一樣，最早完成的是每個單元的小圖；後來又陸續收到兩位作者的對話內容，我再從中構思插圖；最後才看到每一篇的故事，這時我以手繪的方式來完成各單元主要的圖畫，並且回過頭去重新修改之前電繪的插圖。

近十年來台灣使用手繪的插畫家越來越少，使用電腦繪圖的插畫家變得非常普遍。原本我以為電繪很快很容易，實際操作後才知道並不是這樣。雖然電腦可以按一下滑鼠瞬間上色，又可以回到上一步去重新調整筆觸，還可以放大縮小搬來搬去，但要把圖畫畫到自己滿意，往往手痠、眼睛澀。我在這次的繪圖工作中更加了解手繪對我個人的重要性，因為使用各種畫具和顏料在紙張上塗塗抹抹，在大自然中仔細觀察，用一種直覺感性的方式畫畫，是我創作的樂趣所在。能夠結合實體手繪和 Scratch 電繪來做一本書的插圖，是一個很特別的經驗，如果可以按照書上的指引操作讓我畫的小角色動起來又發出聲音，豈不是太好玩了！

許增巧

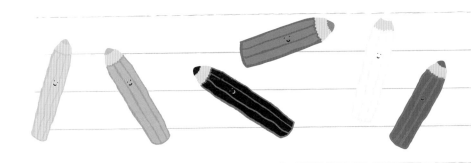

啟程冒險前，先加入 Scratch [註]

打開電腦的網路瀏覽器（建議使用 Chrome），在地址欄位輸入 Scratch 官方網站的網址：
https://scratch.mit.edu

❶進入網站後記得往下拉，將語言改為繁體中文。

❷接著註冊使用者帳號，就可以開始「創作」囉！

認識一下 Scratch 的介面吧！

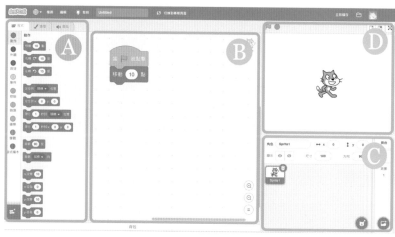

Ⓐ 有「程式、造型、音效」3 個頁籤。

Ⓑ 編寫程式的祕密基地，可以將積木拖曳到這裡。

Ⓒ 可以設定每個角色的名字、尺寸、位置和方向。

Ⓓ Scratch 舞台區，可以確認執行的結果。

也可以掃描 QRcode
觀看基本操作教學影片！

◆全書程式範例及完整作品 Scratch 創作坊：https://scratch.mit.edu/studios/32428403

[註]Scratch 是來自麻省理工學院多媒體實驗室終身幼兒園團隊的計畫，不需支付任何費用，就能使用它。使用 Scratch，可以編寫程式, 創作故事、遊戲、動畫或藝術，然後將創意分享給全世界。Scratch 幫助孩子更具創造力、邏輯力、協作力，這些都是生活在 21 世紀不可或缺的基本能力。(Scratch is developed by the Lifelong Kindergarten Group at the MIT Media Lab. See https://scratch.mit.edu.)

目錄

① 我是誰？

想要從認識自己出發，用有趣、好玩的方法，向別人介紹「我是誰」。

作家遇見工程師：關於「我」

前陣子小孩說，學校有兩個女生在看他，他有點害羞不知道該怎麼辦？
我跟他說，你可以走過去大方地介紹自己，如名字和班級等。
我們華人從小不重視表達自己，在課堂上總被要求安靜無聲。
因此久了也不知道該怎麼對別人介紹自己。

哇！好羨慕旭恭老師的小孩，我都沒有這樣的經驗，哈哈。
不過，要走過去、向別人介紹自己，的確需要很大的勇氣呢。

我在第一堂課總會讓大家自我介紹。
通常我會出三個問題，如「我的一天」、「我最近在想的一件事」和
「為什麼來上課」。透過回答這些問題，大家可以稍微了解其他人，
也算一個初步認識。

這是很好的暖身、破冰的方法，讓初次見面的朋友，產生更多好奇的機會。
記得很多年前，與一群新認識的孩子上課，我請大家自我介紹，除了名字，
也要說自己喜歡的三個東西。

輪到一個理平頭的小男孩。他很靦腆的問「我可以說我喜歡的動物嗎？」
然後，他說「我很喜歡柯基狗、米克斯貓，還有鹹酥雞哦！」

哈！小孩居然還回答鹹酥雞，真的很好笑耶～
我覺得只要多給小孩說話和交流的機會，他們可以發展出自己的介紹方式。

表達自己的想法，從各種人際間的互動，的確可以讓別人更多認識自己。

如果用 10 個形容詞來形容自己，你會用哪些形容詞呢？

安靜內向、不多愁但善感、可以走很多路也不會喊累、十分專注、大部分時
間很努力、有時也會懶惰不想動、不太常生氣、看起來很老實容易相信別人、
喜歡和朋友分享、熱愛自由的！

你感覺是很溫和的人，也有一點像工程師的感覺，
不知道是不是宅男，哈！

呵呵，我是可以一整天待在家的宅男沒錯。
我也很好奇旭恭老師會用什麼形容詞來介紹自己呢？

我的形容詞大概會是：
熱情、不是很積極、講話很直接、喜歡搞笑、看起來很溫和、情緒
化、害羞、想很多、猶豫不決、天真。

哈哈哈！沒想到形容自己還滿好玩的。

我發現自己的個性形容詞，有幾個和旭恭老師老師有點類似呢。
如果把介紹自己的形容詞，類比到我們的日常生活熟悉的東西或物品，又會產生什麼新的連結呢？

比方說，「熱情」讓我想到太陽；「猶豫不決」讓我想到黏土；
「喜歡和朋友分享」則是讓我想到火鍋。

你的聯想好棒啊！和繪本的概念很像，是用圖像來表達。
我自己想到的「不是很積極」、「溫和」、「猶豫不決」和「害羞」
大概都是烏龜。
「熱情」、「情緒化」和「想很多」是兔子。「講話很直接」和「喜
歡搞笑」是狐狸。
「天真」則是小狗……我想到的都是動物耶～

你描述形容詞和動物連結在一起的圖像，好生動、好有故事感喔！
好奇旭恭老師創作一個繪本故事的時候，通常是先有了故事的概念
後，再融入不同角色的個性；或是，先發想了角色的個性，然後再
延伸出故事的脈絡呢？

通常我是先有故事的概念，再放入不同的角色。
我的繪本老師有說過我的故事裡都是在講關係。
所以我覺得自己可能比較重視整個故事的感覺多於單一角色。
不過當我在想角色的對話或行為時，也會去思考他的個性可能會怎樣。

故事中發生的事件影響了角色個性的轉變，又或是角色鮮明的個性
為故事帶來新的展開，似乎都有可能呢。

我們出生的時候是和世界連結的，可以感受到所有的一切。

隨著時間過去，因為受到各種教育、規範和關係的影響，我們也學
會依此來定義自己。久了我們慢慢忘記自己和世界的連結，反而被
侷限在某個位置。

**「我是誰？」是一個大哉問，重要的或許不是答案，而是我們怎麼
去思考這個問題。**

希望大家可以常常問自己這個問題。

説一個故事：我是誰？

我想要介紹我自己，讓你認識我！
我是一顆籃球，充滿精力、喜歡蹦蹦跳跳。

我喜歡晴朗的日子，
特別是冬天早晨的太陽，
讓人覺得好溫暖。

我覺得甜甜圈是世界上最神奇的東西，
如果心情不好，
只要吃一個草莓巧克力的甜甜圈，
我又會變成籃球，蹦蹦跳跳了。

小朋友，接下來輪到你了！你會用什麼形容詞、
東西或物品，向別人介紹你自己呢？

來玩程式吧！

讓我們開始認識不同面向的自己，
創作程式把「自我介紹」變成很好玩的事吧！

空白程式範例：

https://scratch.mit.edu/
projects/730248550/

完整參考作品：

https://scratch.mit.edu/
projects/570081870/

① 我｜自我介紹的開場台詞

角色　　　　任務

讓「我」這個角色說出 2 句自我介紹的開場臺詞。

● 背景設定為「空白背景」，將「我」固定在畫面的左側（可以用滑鼠移動到適合的位置上）。

```
當 ▶ 被點擊
背景換成 空白背景 ▼
定位到 x: -200 y: -150
造型換成 我 ▼
說出 我想要介紹我自己！ 持續 2 秒
說出 讓你認識我！ 持續 2 秒
造型換成 空白 ▼
```

● 使用【說出～持續 2 秒】指令積木。

● 在這個程式區塊的下方，我們將造型切換為「空白」，目的是接下來介紹不同的物品時，沒有人物角色圖像、只會出現對話泡泡，希望畫面看起來比較簡潔、乾淨喔！

Hi！

② 我｜「我是一個籃球 ...」

角色　　任務

當 ▶ 被點擊

背景換成　空白背景 ▼

定位到 x: -200 y: -150

造型換成　我 ▼

說出　我想要介紹我自己！　持續　2　秒

說出　讓你認識我！　持續　2　秒

造型換成　空白 ▼

廣播訊息　籃球 ▼　並等待

● 從「事件」類別，使用【廣播訊息～並等待】的指令積木，並且建立訊息名稱「籃球」，將這個指令積木連接在步驟 1 的程式區塊下方。

當收到訊息　籃球 ▼

說出　我是一顆籃球，　持續　2　秒

說出　充滿精力、喜歡蹦蹦跳跳。　持續　3　秒

● 在【當收到訊息：籃球】指令積木下方，加入要描述的文字內容吧！

● 可以依據文字的長短，調整對話泡泡持續的秒數喔！

③ 籃球 | 籃球上下跳動

角色　　　任務

為籃球進行「初始」的設定。

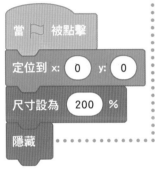

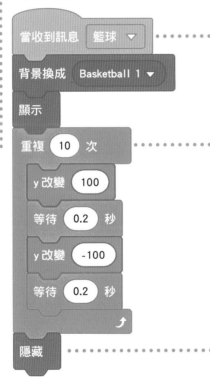

當 ▶ 被點擊
定位到 x: 0 y: 0
尺寸設為 200 %
隱藏

當收到訊息 籃球 ▼
背景換成 Basketball 1 ▼
顯示
重複 10 次
　y 改變 100
　等待 0.2 秒
　y 改變 -100
　等待 0.2 秒
隱藏

● 在步驟 1，當「我」說出自我介紹的開場白的時候，先不要讓籃球出現，把它隱藏起來。我們也可以為籃球設定出現的位置以及尺寸大小。

● 從「事件」類別，拖曳【當收到訊息：籃球】指令積木，加上指令將背景換成籃球場後，然後顯示「籃球」角色。

● 加入讓籃球重複跳動的指令。在【重複 10 次】的迴圈中，使用【y 改變】的指令以及間隔的等待時間，就會讓籃球上下重複跳動 10 次。

● 另外，記得在此程式區塊的最末，加入【隱藏】指令積木，因為，我們要介紹另一個角色登場囉！

④ 我｜「我喜歡晴朗的日子 ...」

角色　　　　任務

當 ▷ 被點擊

背景換成　空白背景 ▼

定位到 x: -200 y: -150

造型換成　我 ▼

說出　我想要介紹我自己！　持續　2　秒

說出　讓你認識我！　持續　2　秒

造型換成　空白 ▼

廣播訊息　籃球 ▼　並等待

廣播訊息　太陽 ▼　並等待

● 從「事件」類別，使用【廣播訊息～並等待】的指令積木，並且建立訊息名稱「太陽」。將這個指令積木連接在步驟 2 程式區塊下方。

當收到訊息　太陽 ▽

說出　我喜歡晴朗的日子，　持續　2　秒

說出　特別是冬天早晨的太陽，　持續　3　秒

說出　讓人覺得好溫暖。　持續　2　秒

● 在【當收到訊息：太陽】指令積木下方，加入要描述的文字內容吧！

⑤ 太陽 | 太陽轉動

角色　任務

為太陽進行「初始」的設定。

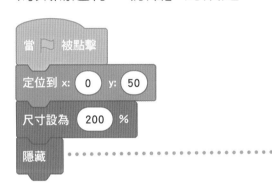

● 當「我」說出自我介紹的開場白的時候，不要讓太陽出現，先把它隱藏起來，和步驟 3 一樣。

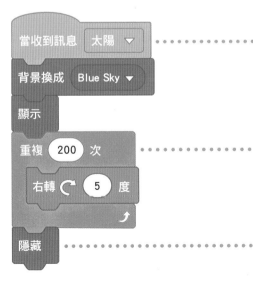

● 從「事件」類別，拖曳【當收到訊息：太陽】指令積木，將背景換成 Blue Sky（藍天）後，顯示「太陽」角色。

● 在下方加入讓太陽連續旋轉的指令。在【重複 200 次】的迴圈中，使用【右轉 5 度】的指令，就會讓太陽順時針每次轉動 5 度旋轉。

● 另外，記得在此程式區塊的最末，加入【隱藏】指令積木，因為，我們要介紹最後一個角色登場囉！

加油！
快完成了！

⑥ 我｜「我覺得甜甜圈是 …」

角色　　　　　任務

當 ▶ 被點擊

背景換成　空白背景 ▼

定位到 x: -200 y: -150

造型換成　我 ▼

說出　我想要介紹我自己！　持續 2 秒

說出　讓你認識我！　持續 2 秒

造型換成　空白 ▼

廣播訊息　籃球 ▼　並等待

廣播訊息　太陽 ▼　並

廣播訊息　甜甜圈 ▼　並等待

● 從「事件」類別，使用【廣播訊息～並等待】的指令積木，並且建立訊息名稱「甜甜圈」。將這個指令積木連接在步驟 4 程式區塊下方。

● 在【當收到訊息：甜甜圈】指令積木下方，加入要描述的文字內容吧！

當收到訊息　甜甜圈 ▼

說出　我覺得甜甜圈是世界上最神奇的東西，　持續 3 秒

說出　如果心情不好，　持續 2 秒

說出　只要吃一個草莓巧克力的甜甜圈，　持續 3 秒

說出　我又會變成籃球，蹦蹦跳跳了。　持續 3 秒

角色　　任務

為甜甜圈進行「初始」的設定。

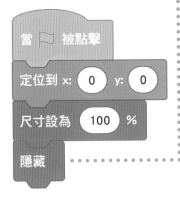

當 ▷ 被點擊
定位到 x: 0　y: 0
尺寸設為 100 ％
隱藏

當收到訊息 甜甜圈 ▼
背景換成 Rays ▼
顯示
重複 20 次
　尺寸設為 100 ％
　等待 0.2 秒
　尺寸設為 200 ％
　等待 0.2 秒

● 當「我」說出自我介紹的開場白的時候，不要讓甜甜圈出現，先把它隱藏起來，和之前的步驟一樣。

● 從「事件」類別，拖曳【當收到訊息：甜甜圈】指令積木，將背景換成「Rays」（放射線）後，再顯示「甜甜圈」角色。

● 加入讓甜甜圈重複改變尺寸大小的指令。
在【重複 20 次】的迴圈中，使用【尺寸設為 100 ％】以及【尺寸設為 200 ％】的指令，並且加入【等待 0.2 秒】的間隔時間，就會讓甜甜圈變換大小囉！

⑧ 背景｜加入背景音效

加入背景音樂，讓自我介紹變得更生動有趣！

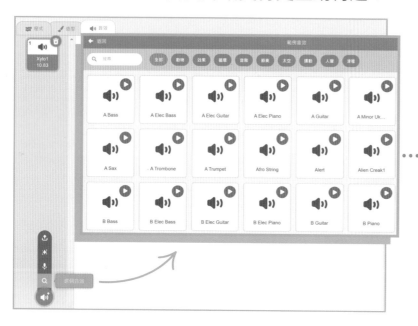

● 先從「音效」頁籤，選擇一個自己喜歡的音樂旋律吧！在範例音效頁面上方有幾個不同類別的按鈕，你可以試試「循環」。

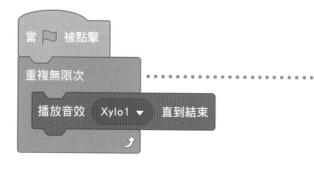

● 為了讓這段旋律可以連續不斷地播放，我們將【播放音效～直到結束】指令積木，放在【重複無限次】的迴圈裡，這樣就完成了！

思考小體操

○ 如果想要讓「籃球」在舞台畫面上任意地移動，應該怎麼做？
　　💬 試試看，使用「動作」類別中，【滑行 1 秒到隨機位置】指令積木。

○ 如果在「甜甜圈」角色中，改變尺寸的迴圈中，添加【外觀效果顏色改變 25】，重新執行程式後，你發現甜甜圈會有什麼改變呢？

○ 如果將背景中，【播放音效～直到結束】的指令積木改成【播放音效～】，重新執行程式後，結果會和之前一樣嗎？

○ 你可以運用【廣播訊息】【當接收訊息】的方法，繼續加入可以形容自己、或是自己喜歡的物品，讓別人更認識你！

② 場景

之前看過的故事或是電影，有沒有讓你印象最深刻的場景？

讓我們來聊聊絕妙的場景可以為故事帶來的力量。

作家遇見工程師：關於「場景」

前幾天搭火車，在月台看到一位老伯伯提著一袋橘子下車。

應該是不小心撞到排隊上車乘客的手提包，橘子從被勾破的塑膠袋掉出來了。於是，我和旁邊一位高中生幫忙老伯伯撿拾散落在地上的橘子。

月台、橘子和老伯伯…你會想到什麼？

簡直就是朱自清《背影》場景重現耶～

沒錯！當時我被這個特別的場景吸引，很自然的就進入到《背影》的故事情境裡。

想和旭恭老師聊聊「場景」對於一個故事可能產生的作用。

我和小孩有聊過一個主題，就是「**不可思議的風景**」，
例如，海上起大火、火山下大雪和沙漠下暴雨⋯等等。
這些場景都很不可思議！

**我發現這些特殊的場景本身就有故事性，你會忍不住
想像後來會發生什麼事，身處其中的角色會如何。**

光是想像一個「不可思議的風景」，就充滿了趣味。
我覺得這是啟動想像力絕妙的練習耶！

對我來說，「不可思議的風景」是《哈利波特》電影的「9 又 4 分之
3 月台」。

當哈利波特推著行李，鼓起勇氣衝進 9 號和 10 號月台之間的一面
牆，下一秒，冒著蒸汽的霍格華茲特快車就在月台旁等待著。
看到這一幕，讓我覺得很神奇、也很震撼！

哈！《哈利波特》的場景，9 又 4 分之 3 月台真的太不可思議了！
場景本身的設定或許會對故事產生很深的影響，也會讓人更進入其
中。

旭恭老師過往看過的圖畫書、小說或電影作品，有沒有讓你印象很
深刻的「不可思議的風景」？

在電玩《薩爾達傳說》裡，也有很多奇幻的場景，如魚人居住的宮殿，是在一個充滿水和瀑布的地方，非常神奇。裡面還有一個巨大迷宮，在裡面奔跑時，因為找不到出口，再加上詭異的音樂，真的超級恐怖的……

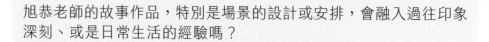

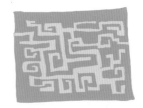

哈！我以為電玩遊戲目的是舒壓放鬆的，你進入的恐怖迷宮，反而讓人心跳加速。

旭恭老師的故事作品，特別是場景的設計或安排，會融入過往印象深刻、或是日常生活的經驗嗎？

有很多啊，我會放入自己熟悉或覺得很特別的場景。
例如我在北投長大，小時候常常泡溫泉，就在《到烏龜國去》這本書裡加入他們去泡湯的場景。
《你看看你，把這裡弄得這麼亂！》這本書在畫圖的時候，我也將小孩們的玩具還有自己的桌面畫進去。

《你看看你，把這裡弄得那麼亂！》每頁場景，都會讓我停留很久、享受在成千上百種物件中尋寶的樂趣。

之前和孩子共讀這本書的時候，孩子突然發現，原來總統先生和流浪漢坐著相同的椅子啊！

我覺得繪本故事巧妙的場景安排，讓同一本書能夠不斷的被翻閱、也不會感到無聊。

真的！總統先生和流浪漢坐的椅子是一樣的！

小孩好棒！觀察力好敏銳！

場景真的很重要，因為繪本是用圖像來說故事，因此讀者就會從圖
去找故事的線索，非常有趣！

在場景裡找到線索，很像是玩捉迷藏，發現躲藏的朋友的時候，會
覺得很開心、也很有成就感呢。
**我覺得場景也延伸了文字沒有明說的細節和線索，讓讀者有機會重
新思考自己對於故事的理解。**

和旭恭老師玩個快問快答：
如果在週末下午、只有一個人、你能夠做任何事，你的場景會是什
麼？

這是心理測驗嗎？我的場景會是在一座森林裡，有很多的落葉和樹
木，我在裡面散步，非常安靜。

哈哈，不是心理測驗啦！我在想，也許我們可以從「在一座森林裡」
的場景，慢慢開始孵一個故事囉～

説一個故事：叩叩叩，請問有人在家嗎？

「太好了，終於要出發去露營了！」第一次去露營的小老鼠坐在巴士上，心裡期待著。
露營場地在一座森林裡，附近有一條小溪。小老鼠和朋友搭好了帳篷，準備煮飯。

「讓我來撿生火用的樹枝吧！」小老鼠自告奮勇説。
在這座有很多落葉和樹木，很安靜的森林裡，小老鼠獨自一個人循著小徑散步，一邊撿拾樹枝。小老鼠一直往前走，都沒有撿到什麼樹枝。於是，他又繼續往森林的深處前進。天色也漸漸變暗了。

「嗯，這些應該夠了吧！」正當小老鼠開心地抱著許多樹枝，準備回到營地時，竟然發現自己迷路在這座幽暗的森林裡。

「啊！救命啊！」小老鼠大聲呼喚。但是，安靜的森林裡只聽到他的回音、身旁蟲子唧唧唧的叫聲，還有撲通撲通的心跳聲。小老鼠覺得很害怕，想要趕快回到露營地，於是往旁邊看起來比較寬闊的林道跑去。

就在這個時候，遠方隱約有一團光影在晃動。
小老鼠朝著光影的方向，走了一段路，看見前面有一間小屋，窗戶透著暈黃的光線，煙囪還冉冉升起白煙。

「有人住在裡面嗎？……應該有吧！」心裡重燃希望的小老鼠自問自答。

於是，小老鼠鼓起勇氣，小心翼翼地來到小木屋的門口。

「叩叩叩，請問有人在家嗎？」小老鼠又聽見撲通撲通的心跳聲。

然後，門竟然自動地、緩緩地打開來……。

小老鼠看到屋子裡面的場景，驚嚇得嘴巴張得大大的，原本抱著的樹枝也全部掉在地上。
屋子裡有好多不同顏色的幽靈在天花板漂浮著，輕輕哼唱著奇妙旋律的歌曲，而且，每個幽靈都帶著神祕的微笑。其中一個白色的幽靈圍著小老鼠繞了兩圈，似乎在表示歡迎。

「啊，你好！不好意思打擾了！」小老鼠和白色的幽靈有禮貌地問候。
白色的幽靈仍然保持微笑，沒有回答，飛到了其他幽靈夥伴旁邊，繼續哼唱。

後來，小老鼠望見屋子的爐火上掛著一個鐵鍋，裡面熬煮著黃澄澄的濃湯，讓空氣裡瀰漫著起司、奶油和蘑菇的味道。

「現在應該是晚餐時間吧？」小老鼠的肚子咕嚕咕嚕叫了起來。
「好香喔！」小老鼠忍不住拿起桌上的一個木碗，
從鐵鍋裡舀起一瓢湯。

「啊！」小老鼠嘗了一口湯，大叫一聲……。

[註]故事靈感來自路易斯・卡洛爾的《愛麗絲夢遊仙境》。

小朋友，接下來輪到你把故事繼續說完！
小老鼠喝了湯之後，究竟發生什麼事呢？
小木屋裡又藏著什麼祕密？

來玩程式吧！

小老鼠在森林裡迷路了，心裡好著急！
走著走著，來到一間小木屋，打開門，小老鼠發現了什麼？

空白程式範例：

https://scratch.mit.edu/
projects/733163374/

完整參考作品：

https://scratch.mit.edu/
projects/666774804/

❶ 小老鼠｜看到小木屋

完成小老鼠角色的「初始化」。

當 ▶ 被點擊

背景換成 森林裡 ▼

造型換成 站立 ▼

尺寸設為 100 %

面朝 90 度

迴轉方式設為 不旋轉 ▼

定位到 x: 160 y: -100

想著 咦？前面的屋子亮亮的耶！ 持續 2 秒

想著 過去看一下... 持續 2 秒

● 打開程式的範例後，先用滑鼠點擊「小老鼠」的角色，我們在程式編輯區會看到這段已經預先編輯的程式區塊。

● 從「外觀」類別指令積木，拖曳 2 個【想著～持續～秒】的指令積木，分別寫上小老鼠此時心裡面想到的話語。想一想如果你是迷路在森林的小老鼠，看到一間小木屋，你會想到什麼？

1 我是誰

2
場景

3 禮物

4 魔法

5 畫畫

6 冒險

7 失去與找到

8 幽默感

② 小老鼠｜走向小木屋

使用指令積木【廣播訊息】。

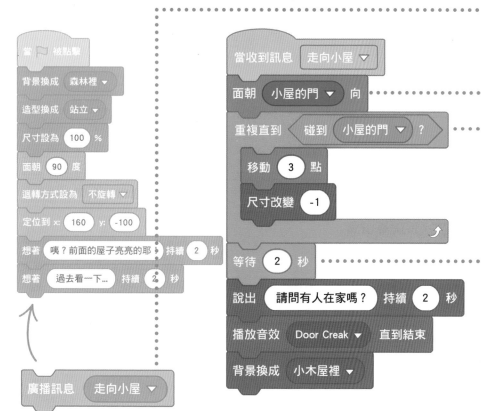

- 從「事件」類別，使用【廣播訊息～並等待】指令積木，建立訊息名稱「走向小屋」，將它連接在步驟 1 的程式區塊下方。

- 從「動作」類別，拖曳【面朝～向】指令積木，從下拉選單指定「小屋的門」角色。讓小老鼠移動前，先面朝小屋的門。

- 讓小老鼠一邊移動一邊縮小尺寸吧！從「控制」類別，拖曳【重複直到～】指令積木。在它的「肚子」裡，放入【移動 3 點】以及【尺寸改變 -1】。也要在六角形欄位，加上〈碰到小屋的門〉的條件判斷。

- 小老鼠碰到了門之後，等待 2 秒鐘，說出「請問有人在家嗎？」接著，播放門緩緩打開的詭異音效，場景切換成「小木屋裡」。

② 小老鼠｜走向小木屋：廣播訊息

HINT

廣播訊息

在「事件」類別的指令積木中，你會看到【**廣播訊息～**】和【**當收到訊息～**】這兩個指令積木，每個角色都可以透過「廣播」的方式傳遞訊息給自己，或是其他的角色；接收到訊息後，就執行指定的程式。我們可以利用這兩個指令來傳遞訊息，方便編排或是控制程式中的「時序」問題。例如，對話的順序、遊戲不同階段的執行……等等。

拖曳【**廣播訊息～**】的指令積木，從選單裡，建立一個新的訊息，我們可以給這個訊息一個名字，比方說「走向小屋」。然後，將【**廣播訊息：走向小屋**】的指令積木連接在指令區塊中。

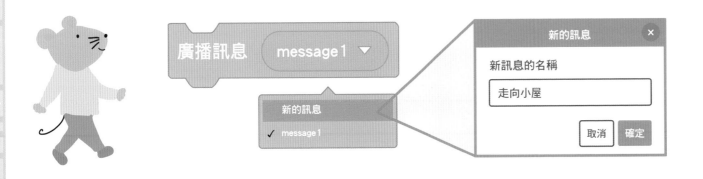

③ 小老鼠｜打開門，來到小木屋裡

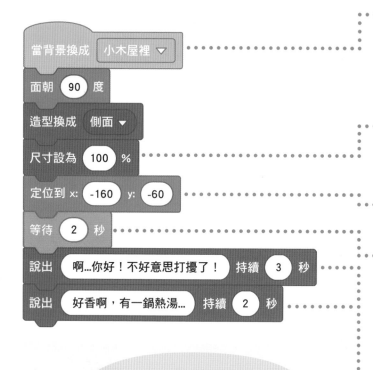

● 從「事件」類別，拖曳【當背景換成：小木屋裡】這個指令積木，然後設置小老鼠的外觀造型、大小，並且將它定位在適合的位置。

● 上個步驟，我們讓小老鼠一邊移動一邊變小。所以當小老鼠來到小木屋裡，記得將尺寸恢復成原本的大小喔！

● 將小老鼠定位在舞台畫面的下方。

● 小老鼠進到屋子裡，看到漂浮的白色幽靈、還有屋子裡一鍋冒著蒸汽的熱湯，等了2秒鐘才說出話來。

● 從「外觀」類別積木中，拖曳兩個【說出～持續～秒】的指令積木，你可以填上小老鼠面對這個場景感到驚訝的話語。

每一次完成了步驟的指令，記得點擊舞台的 🚩 執行看看唷！

4 小老鼠｜想要喝一口湯

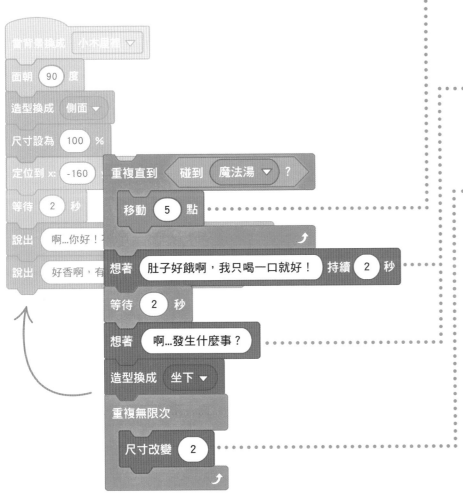

當背景換成 小木屋湯▽

面朝 90 度

造型換成 側面▼

尺寸設為 100 %

定位到 x: -160

等待 2 秒

說出 啊...你好！

說出 好香啊，有

重複直到 碰到 魔法湯▼ ?
　移動 5 點

想著 肚子好餓啊，我只喝一口就好！ 持續 2 秒

等待 2 秒

想著 啊...發生什麼事？

造型換成 坐下▼

重複無限次
　尺寸改變 2

● 小木屋的這鍋湯有起司、奶油和蘑菇的香味，小老鼠忍不住走向它。使用【重複直到～】的指令積木，並加入【移動 5 點】。

● 想像一下，小老鼠看到這鍋湯後，心裡可能在想什麼、喝了一口湯後，又會發生了什麼事。

● 例如，小老鼠喝了湯之後身體竟然變大了！在【重複無限次】的迴圈指令中，加入【尺寸改變 2】。執行程式時，小老鼠的身體會逐漸變大，一直到碰到畫面的邊緣，就不會繼續變大了。

1 我是誰

2 場景

3 禮物

4 魔法

5 畫畫

6 冒險

7 失去
與找到

8 幽默感

⑤ 幽靈｜在小木屋裡隨機移動

屋子裡有一個白色幽靈向小老鼠微笑，可是這個幽靈不會動耶！寫程式讓它動起來吧！

讓白色幽靈動起來！

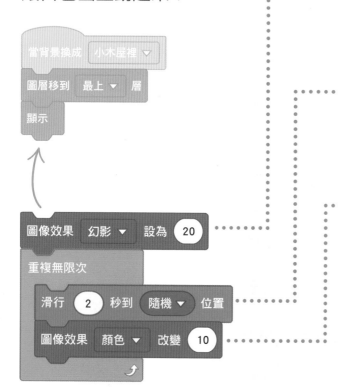

● 如果想要讓幽靈增加透明感，在【重複無限次】的迴圈指令前，加上【圖像效果幻影設為 20】的指令積木，試試看！填入範圍從 0 到 100 的數值，觀察幽靈呈現透明的程度。

● 為了讓幽靈可以在小木屋裡沒有固定位置、連續不斷地飄移，我們使用「動作」類別中，【滑行 2 秒到隨機位置】的指令積木，並放在重複無限次的迴圈裡面。

● 如果想要讓幽靈移動到隨機位置後，外觀顏色有些不同，可以在迴圈裡加上【圖像效果顏色改變 10】的指令積木。

思考小體操

○ 如果想要讓掃帚也像幽靈一樣，在小木屋裡來回的移動，你會想要怎麼做？

○ 在範例裡，小老鼠喝了濃湯之後，變成大老鼠了！小朋友，
你覺得還可能有什麼奇妙的事會發生呢？

○ 有發現小木屋裡有一顆蘋果嗎？如果小老鼠吃了蘋果之後，故事又會如何進
展呢？

○ 有發現小巫婆躲藏在小木屋的某個地方嗎？小老鼠喝了濃湯之後，
小巫婆會做什麼事呢？

  💬 試試看，使用【廣播訊息～】和【當收到訊息～】指令
  積木，呼叫小巫婆做出動作。

③ 禮物

禮物是感謝、是分享，也是慶祝！
當你送給朋友禮物，或是收到禮物時的心情是如何呢？

作家遇見工程師：關於「禮物」

孩子跟我説：「今年聖誕節可能收不到禮物了。」

我問他為什麼？他説：「聖誕老公公不能到處飛呀，因為疫情，世界各國入境後，都要隔離好多天啊！」

我也有一個關於聖誕節有趣的小故事，是我和小孩的對話。
有一次聖誕節前小孩問我：「你想好要和聖誕老公公要什麼禮物了嗎？」
我心想該不會你要送我吧，於是回答：「還沒耶～」
結果小孩説：「呃……那你的名額可以讓給我嗎？」

孩子的觀點很有邏輯、也好可愛！
一年一次的名額很珍貴，怎麼可以白白浪費呢！

對了！旭恭老師從小到大，收到的禮物中，什麼讓你印象最深刻呢？

我有一次去幼稚園演講，結束後有一位小女孩留下來。
我以為她要和我說話，所以就蹲下來，沒想到她親了
我一下，然後就跑走了。那時我覺得心裡有什麼被觸
動了，有一種很單純的感覺。

我不知道這算不算禮物，但是真的非常動人！

那是來自孩子純真的、無形的禮物啊！

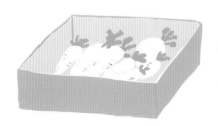

我印象很深刻的禮物是 2020 年聖誕節前一天，收到一個巨大的包裹。
打開一看，箱子裝滿沾著泥土的白蘿蔔。
那是我到嘉義一所偏遠學校教課，認識的一位老師，他們家自己種的。

這個禮物也讓我知道自己與世界充滿連結。
因為家裡人不多，我也把這箱白蘿蔔分送給朋友。
那幾天，餐桌開始出現不同形式的蘿蔔料理。

哈哈哈！收到蘿蔔真的好棒！
感覺每天吃蘿蔔大餐有點心驚啊……

我們最近也是喝蘿蔔湯和醃蘿蔔，不知何時才會吃完……^_^!

前面聊到了**「無形的」**和**「有形的」**禮物，
我覺得旭恭老師的作品《大家來送禮》提供了很有趣、很有想像力
的思考。
蛋蛋最後有收到小花和朋友們的禮物嗎？
如果有的話，這個「禮物」是什麼呢？

關於《大家來送禮》這本書，我會問小朋友：「他們有送禮物嗎？」。
小孩如果回答：「沒有啊，他們沒有送禮。」
我會說：「可是蛋蛋明明有收到禮物。」

如果小孩說：「有，他們有送禮！」
我就會說：「可是他們不是已經把禮物吃光了，怎麼有送禮呢？」

這時小孩就會覺得很奇怪，哈哈哈！

對我來說，蛋蛋收到了「很像是夢，卻又不是夢」的禮物！

所以這是一本很哲學的書!

我覺得應該是他們沒有送禮的行為,可是卻有送禮的心意,而且巧妙的是,對方確實也收到了!

所以他們到底送了什麼呢?
哈哈哈!每個人的解釋都不一樣!
我自己想的是,**送禮是一種沒有什麼目的性,很開心的一種交流!**

我也覺得不管是送禮物給對方,或是自己收到禮物,都是讓人很開心的。

如果真的很苦惱到底要送什麼禮物給對方,我會想起麥當諾的《沒有東西送給你》這本書。

其實,和好朋友或是家人在一起,享受著沒有東西,和一切東西的當下,就是很棒的禮物了。

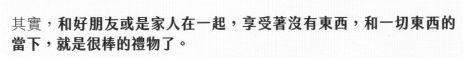

説一個故事：禮物種子

明天，就是小象藍藍期待已久的聖誕節了！

聖誕夜，藍藍寫了一張小紙條給聖誕老公公，上面還放著一杯溫熱的牛奶。然後把襪子掛在床頭，和家人互道晚安後，就上床睡覺了。

藍藍躲進溫暖的被窩裡，翻來覆去睡不太著。藍藍想著，聖誕老公公有收到他從樂樂森林寄出的卡片嗎？聖誕老公公為他準備什麼禮物呢？小火車？積木玩具？好吃的糖果？還是一本故事書？藍藍一邊想著，一邊數著窗外天空閃爍的星星，不知不覺就睡著了。

突然，從房間窗戶傳來清脆響亮的鈴鐺聲把藍藍喚醒了。藍藍走到窗邊，嚇了一跳，看到戴著口罩的小老鼠，很有禮貌地打招呼，並且用眼神示意藍藍到屋子外頭。

「藍藍，因為疫情的關係，聖誕老公公今年沒有辦法分送禮物給世界各地的小朋友了。所以，他託我帶了這個過來。」小老鼠看起來趕了很多路、有點上氣不接下氣，把手裡紅色天鵝絨小袋子交給藍藍。

「這是什麼啊？」藍藍打開袋子，大概有十多顆五顏六色、像是彈珠大小的東西閃閃發光。

「這是聖誕老公公之前從不同地方收集的『禮物種子』喔！」小老鼠開心地說。

「禮物種子？用來做什麼呢？」藍藍充滿疑惑看著小老鼠。「如果把禮物種子種在適合的土地上，每天澆水，經過 365 天，就會長出一棵很大的禮物樹喔！」小老鼠在空氣中畫出一棵巨大的樹。

「好神奇！所以，把禮物種子種在森林裡，等明年聖誕節，就可以在樹上『採收』禮物嗎？」藍藍問。

「沒錯！但是，明天就是聖誕節了，為了讓小朋友可以收到禮物，有一個能夠讓禮物樹快速長大的方法。」小老鼠說。「真的嗎？我想要知道！」藍藍期待著。

「禮物種子如果用樂樂池塘的水灌溉，就可以快速成長。但是，樂樂池塘和森林有段距離，我們恐怕沒有足夠時間往返這兩個地方提水。」小老鼠有點苦惱。

「啊，我想到了，交給我吧！」藍藍的眼睛閃著自信。

藍藍帶領小老鼠來到森林的廣場，那是平時居民和小朋友聚會、玩耍的一片廣大草地。他們在廣場的正中央挖了一個小洞，把袋子裡的禮物種子全部倒進洞裡，並且細心地用泥土覆蓋上。然後，藍藍告訴小老鼠，他要前往樂樂池塘了，請他在這裡等他一下。

約莫過了 20 分鐘，小老鼠發現天空突然飄起雨來，一顆一顆的雨滴不偏不倚地落在廣場上。原來是藍藍用他的鼻子汲取樂樂池塘的水，然後往森林的廣場噴灑。過沒多久，廣場的正中央竟然冒出一顆小小的樹芽往天空伸展，小老鼠興奮地歡呼、轉圈圈。

聖誕節的早上，藍藍醒過來了，
他揉揉惺忪的眼睛，
感覺做了一個夢，又好像不是夢。

於是，藍藍馬上跑到森林的廣場，
然後他發現……。

小朋友，接下來輪到你把故事繼續說完！你覺得藍藍在聖誕夜發生的事情是真實的、還是一個夢呢？隔天早晨，藍藍在森林的廣場發現了什麼？

來玩程式吧！

聖誕節充滿歡樂和奇蹟！
讓我們創作程式，讓樹上「結滿」了聖誕禮物吧！

空白程式範例：

https://scratch.mit.edu/
projects/733221464/

完整參考作品：

https://scratch.mit.edu/
projects/617172334/

加入好聽的聖誕音樂，讓這個作品充滿節慶的歡樂。

點擊舞台背景，建立禮物的分身。

● 想一想，為什麼在重複無限次的迴圈裡，放入的是「播放音效～直到結束」，而不是「播放音效」的指令積木呢？

● 從「事件類別」中，使用【當背景被點擊】的指令積木。然後從「控制」類別中，拖曳【建立禮物的分身】，將它連接在【當背景被點擊】的指令積木後面。如此一來，每當我們使用滑鼠鍵點擊舞台背景時，就會呼叫「禮物」角色，建立一個分身。

② 禮物｜顯示禮物，隨機選擇禮物造型

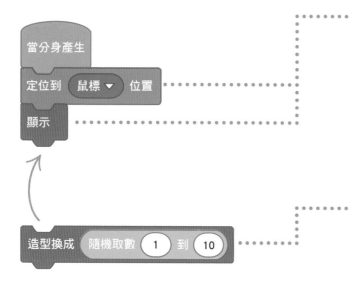

咦？為什麼用滑鼠鍵點擊舞台上的聖誕樹，禮物沒有出現呢？這是因為，一開始禮物是隱藏的喔！我們可以使用「控制」類別中的【當分身產生】的指令積木，加上【定位到鼠標位置】以及【顯示】，讓禮物可以定位到滑鼠點擊的位置，並且顯示出來。

在「禮物」角色中，已經準備了 10 個不同的造型，可以讓禮物分身的造型隨機選擇喔！從「外觀」類別中，選擇【造型換成～】指令積木，然後再從「運算」類別中，選擇【隨機取數 1 到 6】，因為總共有 10 個造型，更改數字範圍為 1 到 10，將它放入【造型換成～】指令積木中。

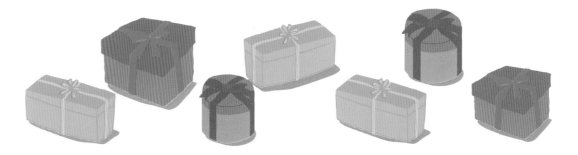

③ 禮物｜如果碰到滑鼠，禮物就變大

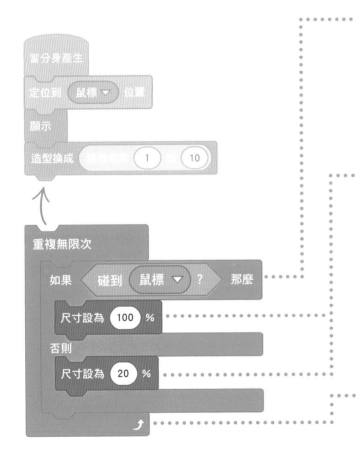

讓我們從「控制」類別積木，選擇【如果～那麼～否則～】的條件判斷指令積木。然後，到「偵測」類別積木中，選擇【碰到鼠標？】的條件積木，將它放入【如果～那麼～否則～】指令積木的六角形欄位裡。

一開始「禮物」角色的尺寸是設定為原有大小的 20 %，為了讓禮物的分身碰到滑鼠的鼠標後變大，我們將外觀積木【尺寸設為 100%】放在【那麼～】的描述之後；另外，再將【尺寸設為 20%】放在【否則～】的描述之後。意思是說，如果沒有碰到鼠標，禮物的分身就會恢復 20% 的尺寸大小。

記得在【如果～那麼～否則～】指令積木外加上【重複無限次】的迴圈，**目的是讓這個條件判斷式能夠連續不斷地被偵測**，這樣就完成囉。

1 我是誰
2 場景
3 禮物
4 魔法
5 畫畫
6 冒險
7 失去與找到
8 幽默感

④ 藍藍｜讓藍藍在舞台上左右移動

讓藍藍在舞台的畫面上移動，並
和大家說「聖誕快樂」吧！

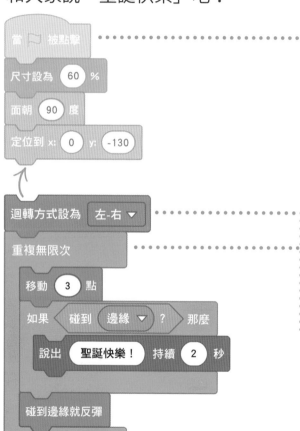

原本藍藍的角色程式編輯區，已經先預備好幾個指令積木，做角色的「初始化」設定。為了讓藍藍可以在畫面上移動，需要添加新的指令積木，並連接在原有的程式區塊下方。

在重複無限次迴圈裡，使用【移動 3 點】以及【碰到邊緣就反彈】讓藍藍可以左右來回移動，在這兩個指令之間增加一個條件判斷，如果藍藍碰到邊緣的話，就會出現對話泡泡「聖誕快樂！」

另外，在【重複無限次】迴圈的上方，記得加上【迴轉方式設為 左 - 右】，意思是讓藍藍碰到邊緣的時候，角色造型會水平左右翻轉，而不會上下顛倒囉！

思考小體操

試著加入更多的動物朋友，讓大家在聖誕節的早上團聚一起，添加更多歡樂！

如果想要讓舞台畫面上的禮物樹舞動起來，可以怎麼做？

試試看，使用「外觀」類別中，【圖像效果 - 漩渦】指令積木，以及【重複 10 次】迴圈。

如果想要禮物樹上的禮物像是聖誕燈飾有閃滅的效果，應該怎麼做呢？

試試看，使用【顯示】、【隱藏】以及【等待～秒】，搭配【重複無限次】的迴圈指令積木。

想要讓禮物樹上的禮物更加酷炫嗎？你可以在「禮物」角色的「造型」頁籤中，試著從圖庫中更換或是新增造型。當然，你也可以運用畫圖工具，自己繪製一個禮物喔！

④ 魔法

你相信世界上存在魔法嗎？你會想要擁有什麼魔法或超能力？
其實，世界上還存在另一種「不是魔法的魔法」喔！

作家遇見工程師：關於「魔法」

我們上次聊到不可思議的場景，提到了哈利波特的 9 又 4 分之 3 月台。
在霍格華茲發生的故事，讓人目眩神迷，旭恭老師相信世界上有魔法嗎？

好巧！我不久前才問過小孩，我們的結論都是「應該有！」
只是可能只有很少的人知道……

魔法是像我這樣的麻瓜難以理解的神祕領域。
如果能夠擁有一種魔法的能力，你會想要什麼？
比方說，隱身術、瞬間移動、聽懂動物的語言…

我想要的可能是像閃電俠那種很快速移動的能力，感覺很酷！

閃電俠是世界上速度最快的人，而且比光還要快！
光一秒可以繞行地球 7 圈半，同樣的時間，閃電俠應該飛向宇宙浩瀚無垠了。

我肯定沒有辦法駕馭這樣的魔法或超能力，
我是那種坐雲霄飛車就會天旋地轉、會吐的人～

旭恭老師如果擁有快速移動的能力，會想要做什麼？

如果可以快速移動的話，那麼在別人臉上亂畫或是惡作劇的話，別
人也不會知道的，哈哈哈！

哈哈！如果有魔法，我會想要聽懂動物的語言，像是《魔女宅急便》
的琪琪和黑貓吉吉對話那樣。

如果可以和不同的動物溝通，了解牠們的世界，應該很好玩。

如果能和動物溝通，那一定很棒！我們家附近有一隻小貓，每次孩
子們遇到他，都會和他說說話，非常有趣！

旭恭老師想要擁有快速移動的能力，讓我想到《愛睡覺的小 baby》
這個繪本故事。

① 我是誰

② 場景

③ 禮物

4
魔法

⑤ 畫畫

⑥ 冒險

⑦ 失去
與找到

⑧ 幽默感

書的前半部，就帶給我巨大的好奇，這個 baby 怎麼都在睡覺？
原來啊，當大家都在睡覺的時候，他就醒來、變成擁有超能力的小baby。
我覺得這本書充滿魔法！也想知道當時你發想這個故事的靈感？

《愛睡覺的小 baby》的靈感來源其實是我年輕的時候，常常在路上看到小 baby 在睡覺，有的在嬰兒車裡，有的在媽媽懷裡。

那時我覺得很奇怪，為什麼這些小 baby 白天都在睡覺，難道他們晚上做了什麼事情，讓他們這麼累嗎？

所以我有一個瘋狂的念頭，該不會這些小 baby 晚上做了很多事情，白天他們才會這麼累吧，哈哈哈！

小 baby 自己煮東西、修補房子、當老師、駕駛直升機保衛地球，甚至成為消防員，帥氣的撲滅噴火龍的火焰…。
超級非常忙碌，難怪白天要好好充電、補充能量，哈哈。
從一個小 baby 成為大人，「長大」這件事也像是被施了魔法。
比方說，毛毛蟲變成蝴蝶、一顆雞蛋孵出小雞、小蝌蚪變成青蛙…。
旭恭老師也有發現世界上其他**「不是魔法的魔法」**嗎？

我覺得**大自然是很神奇的魔法**！
例如天上的雲明明就是一團一團的，也沒有水在上面。
但是下雨的時候卻會有水從上面滴下來，水是怎麼來的呢？好神奇啊！

還有，雲的形狀、雨後出現的彩虹、雪花的六角冰晶…
這些都是大自然的魔法。

真的！大自然中的六角形也很神奇喔！
蜂巢也是六角形的，是可以節省材料和使空間最大化的結構。

還有宇宙到底是怎麼來的？有沒有邊界？
關於這點我也非常好奇，真的也很像是魔法世界耶！

之前看過《魔女宅急便》作者角野榮子的專訪，她說：
「每個人都擁有魔法。只要抱持好奇心、發揮想像力，就會產生每個人特有的力量，這正是所謂的魔法。」

好奇心讓我們發現世間萬物存在許多「不是魔法的魔法」，而且，
也可以從自己喜歡的事情開始培養魔法呢！

説一個故事：小老鼠的魔法書

小老鼠在森林撿拾生火的樹枝時，因為迷路來到森林小屋，認識了住在這裡的小巫婆。小巫婆知道小老鼠對魔法有興趣，送給他一本紅色封面的魔法書。告訴小老鼠，只要每天認真練習咒語，就可以施展神奇的魔法。

「啊！已經那麼晚了，可以帶我回去嗎？」小老鼠望著牆上的時鐘，鐘面上的數字是用小石頭、樹枝和葉子組合的。

這時候，小巫婆微笑著翻開魔法書的某一頁，一邊搖晃著魔杖一邊唸著：

「ㄨㄧㄅㄒㄉㄌㄈ。」

小老鼠瞬間快速移動，回到了露營地。
小老鼠覺得實在太不可思議了！

回家後，小老鼠每天都很認真的練習魔法書上的咒語。

「ㄨㄧㄌㄒㄉㄉㄈ。」

「ㄨㄧㄉㄊㄉㄉㄈ。」

「ㄨㄧㄉㄒㄉㄉㄆ。」

「嗯 …… 我有唸錯嗎？怎麼都沒有用啊？是不是少了一根魔杖呀？」

小老鼠從畫具箱拿出一支很長的水彩筆，對著窗外的月亮、像是指揮家搖晃著水彩筆，並且唸著：

「ㄨㄧㄉㄒㄉㄉㄈ。」

「喵～喵～」小老鼠發現自己竟然變成一隻黑色的貓了！

小老鼠嚇得幾乎說不出話來，想起小巫婆提醒自己，施展魔法時千萬不能慌張。於是，小老鼠閉上眼睛，深呼吸三遍、很專注的再試了一次。

「ㄨㄧㄉㄒㄉㄉㄈ。」

張開眼，

小老鼠竟然來到一個從來沒有去過的地方……。

小朋友，接下來輪到你把故事繼續說完！小老鼠唸完魔法咒語後，來到什麼地方？遇到誰？發生什麼事呢？

來玩程式吧！

小老鼠打開小巫婆送給他的魔法書，
魔法咒語會帶他到什麼地方呢？

空白程式範例：

https://scratch.mit.edu/
projects/733433645/

完整參考作品：

https://scratch.mit.edu/
projects/683375145/

❶ 小老鼠｜在房間裡開始練習咒語

為小老鼠進行「初始」的設定。

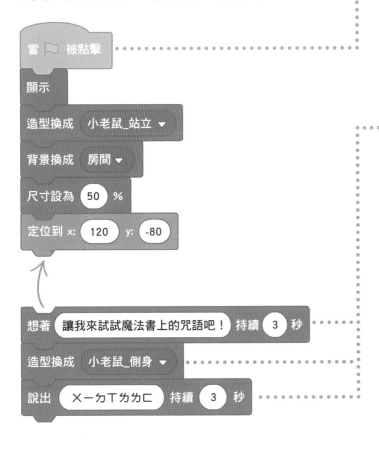

當 ▶ 被點擊

顯示

造型換成 小老鼠_站立 ▼

背景換成 房間 ▼

尺寸設為 50 %

定位到 x: 120 y: -80

想著 讓我來試試魔法書上的咒語吧！ 持續 3 秒

造型換成 小老鼠_側身 ▼

說出 ㄨㄧㄉㄒㄉㄉㄈ 持續 3 秒

● 先讓小老鼠完成程式的「初始化」，包括小老鼠一開始的造型、場景、尺寸大小，以及定位在畫面的哪個地方。**初始化的目的是每次重新執行程式時，都能恢復一開始的設定。**

● 接下來，小老鼠開始練習魔法咒語囉！使用【想著】及【說出】的指令積木，並且在兩個指令積木之間，加上【造型換成：小老鼠_側身】的指令積木。

② 小老鼠｜變成一隻黑貓了

用「幻影」的圖像效果，
讓變身更魔幻！ 💡

重複 10 次
　圖像效果　幻影 ▼　改變　10

播放音效　Magic Spell ▼
造型換成　黑貓_驚嚇 ▼

重複 10 次
　圖像效果　幻影 ▼　改變　-10

說出　啊！怎麼變成貓了？　持續　2　秒

廣播訊息　魔法_神祕的地方 ▼

● 從「外觀」類別找到【圖像效果：顏色改變 25】的指令積木，並從選單選擇「幻影」，將數值改成 10，將它放在【重複 10 次】的迴圈裡執行。

● 加上一個魔法音效，然後使用【造型換成：黑貓 _ 驚嚇】變換小老鼠的造型。如果執行以上的程式指令，你會發現小老鼠不見了、也沒有更換造型，這是因為圖像效果仍維持在幻影值是 100（全透明）的緣故。

● 加上另一個【重複 10 次】的迴圈，並且加入【圖像效果：幻影改變 -10】的指令積木。數值前的「負號」表示「相反的」，也就是說，我們要把幻影值從 100 逐漸地減少到 0，讓變成黑貓的造型顯示出來。最後，你可以在【說出】指令積木，輸入小老鼠面對這個結果感到驚訝的話。

● 從「事件」類別中，拖曳【廣播訊息～】的指令積木，從選單裡，選擇已經預先準備好的訊息：「魔法 _ 神祕的地方」，然後將它連接在【說出】指令積木之後。

② 小老鼠｜變成一隻黑貓了

HINT

什麼是幻影？

從「外觀」類別找到「圖像效果：顏色改變 25」的指令積木，將它拖曳到程式編輯區，並從選單選擇「幻影」，將數值改成 10。試試看！用滑鼠連續點擊這個指令積木數次後，會發現畫面中的小老鼠逐漸變透明。當幻影設定的值（透明度）是 0 表示不透明，50 則是半透明，到達 100 的話，就會變成全透明。

如果將這個指令積木放在【重複 10 次】的迴圈裡執行。每次的透明度改變 10 角色就會逐漸變透明；重複 10 次後，幻影值累積到 100，角色就會變成全透明，不見了。

幻影設定的值：0

幻影設定的值：50

幻影設定的值：100

③ 小老鼠｜收到訊息：神祕的地方

使用【當收到訊息：魔法_神祕的地方】的事件指令積木，加入問答題目。

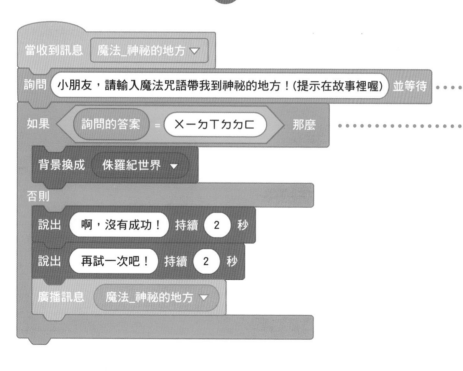

● 從「偵測」類別指令積木中，拖曳【詢問～並等待】的指令積木，並且填入文字：「小朋友，請輸入魔法咒語帶我到神祕的地方！（提示在故事裡喔）」。

● 加上【如果～那麼～否則～】的條件判斷式，在六角形的條件描述中，比較【詢問的答案】這個變數（儲存使用者輸入的內容）和我們所設定的「正確的魔法咒語」內容是否一致。

③ 小老鼠｜認識「條件判斷」

HINT

利用條件判斷製作問答題

我們從「偵測」類別指令積木中，使用了【詢問～並等待】的指令積木，你一定很好奇，使用者的回答會被存放在哪裡呀？回覆的資訊會被儲存在偵測積木的內建變數，也就是在「詢問的答案」中，你可以在「偵測」類別指令積木中找到它。

接下來，我們使用【如果～那麼～否則～】的條件判斷式，在這個範例中，如果輸入的「詢問的答案」和「ㄨㄧㄅㄒㄉㄅㄈ」相同，表示魔法咒語正確，那麼場景切換為「侏羅紀世界」；否則就要再試一次，換句話說，就是再執行一次【廣播訊息：魔法 _ 神祕的地方】。

是不是很像 E-mail 信箱，如果輸入的帳號和密碼正確，就能夠開啟信箱、瀏覽信件呢？沒錯！在類似的應用中，也是運用了「條件判斷」的方法，來辨別使用者輸入的帳號和密碼是否正確，才能執行後續的操作。

④ 小老鼠｜來到侏羅紀世界了

讓角色在新的場景做出反應、繼續述說故事。

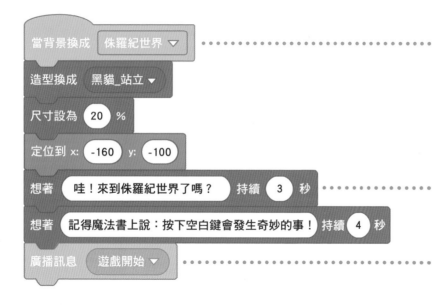

● 從「事件」類別積木中，選擇【當背景換成～】指令積木，並且在這個指令積木後，依序更換造型、尺寸，以及所在的位置設定。

● 來到了侏羅紀世界，你覺得變成黑貓的小老鼠心裡會想著什麼呢？是擔心、害怕，或是覺得興奮呢？

● 在這個程式區塊的最末，加上【廣播訊息：遊戲開始】，我們就準備和侏羅紀世界的恐龍朋友玩遊戲囉！

這個範例已經把遊戲的程式都預備好了,所以,接下來你只要盡情地玩遊戲就好囉!

試試看,按下空白鍵,會發生什麼事呢? 黑貓會往上跳躍,然後回到地面。你也會發現,恐龍會從畫面右方移動到左方,小心!不要碰到任何一隻恐龍,如果碰到的話,就會 Game Over 囉!不過,別擔心,你可以按下畫面上重來的圖示,繼續遊戲。

另外,畫面左上方的分數會隨著時間逐漸累加,如果你可以挑戰**超過 1000 分**,魔法就會把變成黑貓的小老鼠送回原本的房間喔!加油!挑戰看看是否可以順利完成任務吧!

⑥ 小老鼠｜回到原本的房間

當收到訊息 遊戲開始 ▼

等待直到 計分 > 1000

隱藏

廣播訊息 暫停遊戲 ▼ 並等待

顯示

定位到 x: 120 y: -80

造型換成 黑貓_驚嚇 ▼

尺寸設為 50 %

說出 啊！回到房間了！ 持續 2 秒

說出 可是，要怎麼變回來？ 持續 3 秒

廣播訊息 魔法_變回原本的自己 ▼

● 在「小老鼠」的程式裡，使用「控制」類別中的【等待直到～】指令積木，並在六角形欄位中，加入條件判斷。意思是，執行到這個指令積木時，要等到「計分」這個變數的值超過 1000 分，才會發生回到房間之後的事情，也就是執行接下來的指令積木喔！

● 我們廣播另一個訊息：【暫停遊戲】，通知背景把場景切換回房間，也通知其他角色不要出現在畫面上。（背景和其他的角色收到【暫停遊戲】訊息的相關程式指令在範例中已經預備囉，你可以練習閱讀已經完成的程式內容。）

● 讓變成黑貓的小老鼠定位在一開始出現的位置、並且切換造型，讓他說出一些話。

● 最後，再廣播一個新的訊息【魔法 _ 變回原本的自己】。接下來輪到你了！你可以運用步驟 3 的方法，讓變成黑貓的小老鼠運用魔法咒語，把自己變回來！

思考小體操

如果想要改變遊戲中恐龍移動的速度（變快或變慢），請問我們可以怎麼做呢？

💬 點選恐龍角色，找到「恐龍移動的速度」這個變數，試試改變它的數值大小。

想要繼續和恐龍朋友玩、不想那麼快回到房間嗎？想一想，應該怎麼做呢？

💬 在「小老鼠」的程式裡，找到【等待直到：計分 >1000】的指令積木，更改數值後，重新點擊綠旗執行程式。

變成黑貓的小老鼠回到房間了，你可以使用咒語讓他變回來嗎？

💬 你可以仿照步驟 3 的方法，建立【當收到訊息：魔法＿變回原本的自己】程式區塊。

小老鼠在這本魔法書又發現了什麼神奇的魔法咒語呢？這個咒語會帶他到哪一個新的地方呢？

⑤ 畫畫

你喜歡畫畫嗎？一起探索「美」的圖畫帶來什麼作用或是啟發，
畫畫和程式創作又有什麼關聯呢？

作家遇見工程師：關於「畫畫」

旭恭老師小時候很喜歡畫畫嗎？

我小時候就喜歡畫畫！

當時比較常畫的是什麼呢？

我有點忘記了，有去畫室學過一陣子，也會畫些漫畫人物之類的。

當時，有人鼓勵過你嗎？
或是，有什麼圖畫書或圖像，對你日後的創作帶來影響嗎？

我小時候沒有讀過圖畫書，但是爸媽買了很多故事書給我看，
他們知道我喜歡畫畫，還送我一套很巨大的畫冊。

猜想他們很肯定也鼓勵你在繪畫或是美術領域的表現，
期待你從名家的作品中，捕捉一些靈感吧！

我小時候其實也是愛看漫畫的，不過機會不多就是了。
我自己喜歡看故事書裡的插圖，我有一套格林童話，
裡面的插圖有點寫實，也很精美，我非常喜歡！

現在的小朋友好幸福喔，可以接觸許多主題豐富又有趣的圖畫書。

我不太擅長畫畫，但卻很喜歡畫畫。我小時候會用比較薄的白紙墊
在圖畫上，用鉛筆描畫它的輪廓，然後用色筆著色。

其實圖畫不像文字那麼精準，所以小孩都喜歡畫畫，
因為可以自由隨意表達。

只是長大後，有的小孩注意力轉到其他地方，
有的小孩覺得畫得寫實或精準才好，
因此慢慢的，**畫畫就變成一種神祕的才能了。**

旭恭老師的圖畫作品很美，也充滿想像力和哲思。
你覺得「美」的圖畫會為孩子帶來什麼作用或是啟發呢？

「美」的圖畫會為孩子帶來影響，有時候小孩會想要畫畫看，
或許深受其中的色彩和造型所吸引。

圖畫特別的不只是技法，而是配色、造型和構圖，甚至是其中的概
念。

我也覺得「美」的圖畫可以吸引孩子，
對它產生好奇心，然後就產生了連結。

**我覺得欣賞一幅圖畫，也給予一個思考的機會，
去理解圖畫其中的概念是什麼，和我有什麼關聯。**

這些都是小孩成長的養分，可以運用在日常的穿搭、空間的布置、
家具的選擇和生活器具的搭配等。
小孩若在充滿「美」的環境中長大，他的生活也會是美的。

畫家保羅克利說過一句話：「畫畫就像拎著一條線去散步。」
旭恭老師畫畫的時候，也是像散步一樣輕鬆自在嗎？

畫畫的時候比較像在做實驗，不太像散步那麼輕鬆。

我畫畫的時候會思考造型、構圖和色彩，
畫不出喜歡的圖時，就會試著用不同的方式來表現。

因此，我覺得畫畫是你會投注心力的一種活動。

原來如此，我似乎把畫這件事想得太輕鬆浪漫了～

畫畫之於實驗，我覺得和程式創作投注的心力有點相似。

程式是用來解決問題的。
程式創作很好玩的地方，就是沒有標準的答案，
也是不斷地思考、實驗不同的方法，
最後才會知道是不是達到目標。

其實是在做繪本出版品時，考慮得比較多，
所以有點像在研發作品，也像寫程式的感覺。

最近我有嘗試用小本子畫小故事，有空時就坐下來畫幾張，
一邊畫一邊想構圖，很自由的感覺，這就很像散步一樣，
非常開心！

哇，好想看旭恭老師的「散步小本子」啊！

説一個故事：蠟筆來畫畫

[註] 故事靈感來自 Don Freeman 的《蠟筆盒的故事》。

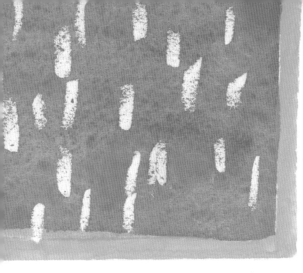

這個夜晚，外面的雨水滴滴答答下個不停。睡在蠟筆盒裡的小藍被雨水吵醒後，翻來覆去睡不著，索性把睡在旁邊的阿綠喚醒。

「我們來做一件偉大的事吧！」小藍精神飽滿地說。

「偉大的事？」阿綠揉揉眼睛。

「對！我們來畫畫吧！」小藍做出「跟我來」的手勢。

小藍和阿綠在小主人的抽屜裡，合作拉出了一張白色的畫紙，然後將畫紙鋪在書桌上。

「耶！出發囉！」

小藍像是穿著溜冰鞋，在畫紙紙上自由飛快地滑動，畫紙很快地出現一片藍色的天空。

「阿綠，現在換你囉！」

阿綠想了一下，在畫面的下方一層又一層、慢慢地鋪上讓人想要躺下的柔軟草地。

小藍和阿綠一邊畫一邊大聲地歡呼，蠟筆盒的小黃、紅紅和小白聽到聲音後，也醒過來了。

「我們也要一起玩！」小黃和紅紅齊聲說。

小黃看到圖畫紙的上方的藍天，他像是芭雷舞者在天空旋轉了一圈又一圈，天空就出現了金黃耀眼的太陽。紅紅在草地上輕快地跳舞，綠油油的草地一下子盛開許多可愛的花朵。

小白是蠟筆朋友裡動作最緩慢的一個，雖然其他朋友催促他畫些什麼吧，但，小白總是回答：「讓我想一想。」後來，蠟筆們在草地上大聲地聊天，小黑被吵醒了。

小黑看到蠟筆朋友們玩得好開心，他也想要加入。

於是，個性豪邁的小黑在這片天空和草地跳躍、跑步和翻滾，他也為每個蠟筆朋友分別畫上影子，大家開始玩影子追逐的遊戲。

這時候，小白站起來，他說：「我想到要畫什麼了！」

小朋友，接下來輪到你把故事繼續說完！小白會怎麼做呢？這盒蠟筆的小主人早上醒來，會發現什麼驚喜呢？

來玩程式吧！

這一夜，蠟筆朋友們自由愉快地畫畫！
讓我們一起創作程式，用程式來畫畫吧！

空白程式範例：

https://scratch.mit.edu/
projects/736333886/

完整參考作品：

https://scratch.mit.edu/
projects/645830523/

❶ 小藍｜各就各位及設定畫筆顏色

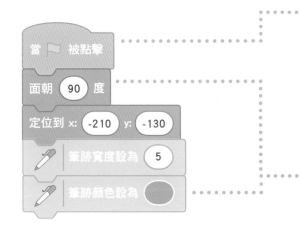

用滑鼠點擊每個不同顏色的蠟筆角色，你會發現，在程式編輯區已經有一個程式區塊建立好了，目的是讓每一支蠟筆角色在程式執行的開始能夠在舞台位置上「各就各位」！

在小藍的程式編輯區，我們會看到這個程式區塊。試著從上而下閱讀每一個程式積木。我們大概可以了解，執行程式後，小藍會固定在舞台畫面的某個位置，以及畫筆的寬度（粗細）和顏色的設定。

我們來做一件偉大的事吧！

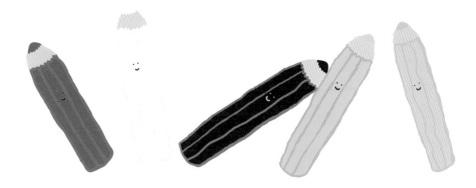

❶ 小藍｜使用「畫筆」類別指令

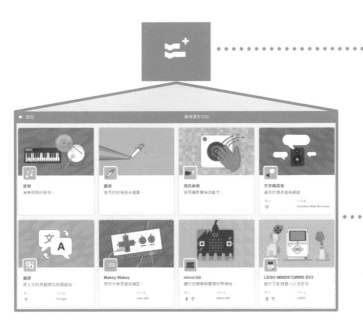

你一定很好奇，【筆跡寬度設為～】和【筆跡顏色設為～】的指令積木之前都沒有出現在左側程式類別選單裡，我們如何讓它出現呢？首先，用滑鼠點擊 Scratch 畫面左下角「添加擴展」的藍色方塊。

畫面會出現許多不同類別指令功能的選項。用滑鼠選擇並點擊「畫筆」的圖示後，和畫畫有關的程式指令積木就會出現在原有的程式類別的選單裡，就可以使用囉！

接下來，我們為小藍「選擇」一個顏色吧！
滑鼠點擊【筆跡顏色設為～】右方橢圓形的色塊，會出現顏色、彩度和亮度的滑桿。試著移動每個滑桿，調和一種你想要的藍色吧！

② 小藍｜跟著滑鼠移動

使用指令積木【等待直到～】及
【重複～直到～】。

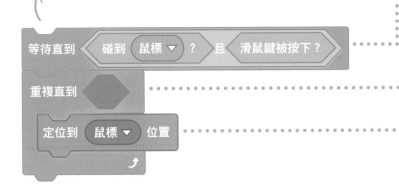

● 從「控制」類別中，選擇【等待直到～】指令
積木。再從「運算」類別積木中，拖曳〈～
且～〉，放進六角形欄位裡面。這裡的條件判
斷描述是：①角色碰到了滑鼠。②滑鼠鍵被按
下了。如果這兩個條件都符合，才能夠繼續執
行接下來的指令。因此，從「偵測」類別中，
選擇〈碰到鼠標？〉以及〈滑鼠鍵被按下？〉，
放在〈～且～〉的六角形欄位裡面。

● 從「控制」類別中，拖曳【重複～直到～】指
令積木。

● 從「動作」類別，拖曳【定位到鼠標位置】指
令積木，放置於【重複～直到～】指令積木的
迴圈裡。

① 我是誰
② 場景
③ 禮物
④ 魔法
5 畫畫
⑥ 冒險
⑦ 失去與找到
⑧ 幽默感

② 小藍 | 「重複～直到」的條件判斷迴圈

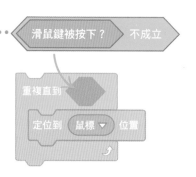

HINT

認識【重複～直到～】指令積木

咦？這個積木的肚子和【重複～次】的迴圈指令一樣，可以包覆一些指令耶！可是，【重複～直到～】指令積木多了一個六角形的「條件的描述」欄位。這個指令很特別，我們稱它為「條件式迴圈」。意思是說，當這個指令積木啟動了，它會連續不斷地、從上而下執行放在肚子裡面的指令積木，一直到六角形的條件描述發生（或達成），就會停止這個重複迴圈。

● 我們想要在〈滑鼠鍵持續被按下〉的時間裡，讓小藍跟著滑鼠連續地移動，如果釋放滑鼠鍵，小藍就要停止迴圈裡面的指令動作。

從「運算」類別積木中，拖曳〈～不成立〉，把它放到【重複～直到～】指令積木六角形欄位裡面，然後從「偵測」類別中，選擇〈滑鼠鍵被按下〉放在〈～不成立〉指令積木的前方。**〈滑鼠鍵被按下？不成立〉可以描述為「沒有按下滑鼠鍵是否發生了？」**如果沒有發生，就會持續執行【重複～直到～】迴圈裡面的指令動作；如果發生了，就會停止並跳出【重複～直到～】的迴圈。

③ 小藍｜開始畫畫與回到蠟筆盒

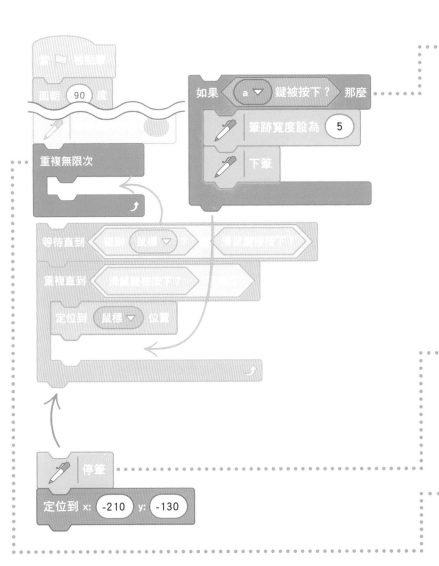

● 從「控制」類別中，拖曳【如果～那麼～】的條件判斷指令積木，在六角形的條件描述欄位中，放入「偵測」類別的指令積木：〈～鍵被按下〉選擇 a 鍵（你也可以選擇其他的按鍵）。然後，在【如果～那麼～】的指令積木裡面，依序放入【筆跡寬度設為～】以及【下筆】。加入這個控制指令區塊是讓小藍跟著滑鼠移動到想要的位置後，按下鍵盤上的 a 鍵，就可以在畫紙上開始畫畫喔！

● 繼續添加指令積木，讓小藍跟著滑鼠移動的過程，如果鬆開滑鼠鍵的時候，能夠自動地回到一開始出發的地方。在上個步驟的指令區塊下方，增加【停筆】以及【定位到～】指令積木。

● 為了讓上個步驟的條件判斷在下一次還能夠被重複執行，記得加入【重複無限次】迴圈喔！

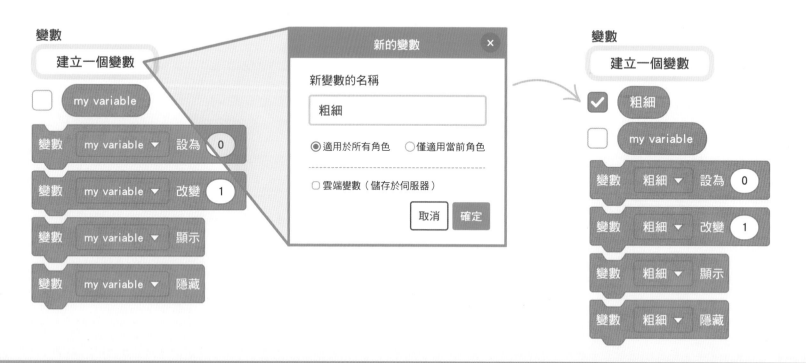

① 我是誰
② 場景
③ 禮物
④ 魔法
5 畫畫
⑥ 冒險
⑦ 失去與找到
⑧ 幽默感

④ 小藍｜改變畫筆的粗細

在畫畫的時候，會想要有粗、有細的線條。我們透過【筆跡寬度設為～】還有程式的「變數」功能，就可以隨時改變畫筆的粗細唷！在這裡，讓我們認識一下什麼是「變數」吧！**程式世界中的「變數」，可以把它想成是一個用來存放數字（或文字）的箱子，箱子裡的數字可以固定下來，或是伴隨不同的情況增減改變。**比方說，冷氣機上的溫度控制，你可以先固定一個數值 25 度，如果覺得太冷，就調高溫度；太熱，就調降溫度。在「變數」類別，點擊「建立一個變數」，為這個新建立的變數取一個名字，比方說「粗細」。按下「確定」後，就會出現新建立的變數囉。

④ 小藍｜改變畫筆的粗細

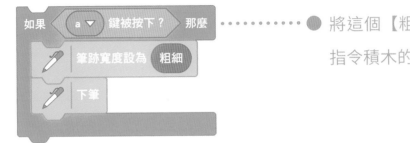

● 將這個【粗細】變數拖曳到上個步驟添加的【筆跡寬度設為～】指令積木的橢圓形欄位裡。

如何調整畫筆的粗細呢？一開始畫筆的粗細是設為 5（單位：像素），我們可以在舞台畫面上看到【粗細】這個變數，滑鼠移動到這個變數上，右鍵點擊，會出現不同的顯示方式。選擇「滑桿」後，再次按下**右鍵**會看到**「變更滑桿數字範圍」**，用左鍵點選會出現一個視窗，讓我們填入數字。例如，填入 1 到 20，代表此變數之後使用滑桿控制最小值是 1，最大值是 20。

1 我是誰
2 場景
3 禮物
4 魔法
5 畫畫
6 冒險
7 失去與找到
8 幽默感

5 其他蠟筆朋友｜添加和小藍相同的程式積木

現在，我們已經完成小藍的所有程式囉！記得點擊舞台上的 ，執行看看程式，小藍是否可以在畫面上畫畫呢？

接下來，可以依照前面的步驟，為其他的蠟筆角色（小黃、阿綠、紅紅……）加入相同的程式指令積木吧！

在這裡，告訴你一個小妙招唷！ Scratch 提供了**「背包」**的功能（在網頁畫面的下方），讓我們可以把已經編輯好的程式區塊，用滑鼠拖曳到「背包」裡面存放，然後，同樣使用拖曳的方法，將想要複製的程式區塊移動到其他角色的程式編輯區裡，如此一來，就省去了要**重複編寫相同指令積木**的時間囉！

記得要調整不同蠟筆角色的【定位到～】指令積木 X/Y 的數值，還有【筆跡顏色設為～】的畫筆顏色設定喔！

背包

| 程式 code | 程式 code | 程式 code | 音效 pop | 角色 Beach… |

思考小體操

○ 如果想要加入其他顏色的蠟筆，可以怎麼做？

💡 複製其中一個角色，更改造型，然後改變程式的定位指令的數值以及筆跡的顏色。

○ 畫完了，再次點擊綠旗想要畫一張新的圖畫，但是發現之前畫的圖案或線條還在畫面上。如果想要清除舞台畫面上的筆跡，應該怎麼做？

💡 試試看，使用【當空白鍵被按下】以及【筆跡全部清除】的指令積木。

○ 如果想要畫畫的時候，程式可以連續播放好聽的背景音樂，可以怎麼做？

○ 我們在這個程式作品使用【筆跡寬度設為～】指令積木來控制畫筆的粗細。想一想，如果使用【筆跡寬度改變～】的話，會發生什麼事呢？

⑥ 冒險

當我們踏上冒險旅程的那一刻，也就開啟了與自己的對話、
與周圍人事物的對話，以及與大自然的對話。

作家遇見工程師：關於「冒險」

前幾天，我的孩子在書櫃前翻以前小時候看的繪本，
其中一本是《好想吃榴槤》。他一邊看一邊說：「好懷念哦！」

他懷念自己的小時候，還是榴槤的味道呢？

他說，這是他小學二年級參加說故事比賽時，和大家說的故事。
過了好多年，重新看這個故事，他發現這是一個小老鼠探索味道的
冒險故事。

你的小孩好棒啊！
居然可以說出這麼有哲理的話，真的很厲害耶～

好奇旭恭老師小時候，也有像書裡的小老鼠，
很想要了解、或是完成某一件事，
於是，展開一場冒險嗎？

我在唸幼稚園的時候有從學校逃學跑回家的經驗。
其實學校和家裡隔了一座菜市場，距離不算短。
我大概是一路跑到家附近，先躲在巷口偷看爸媽出門，再趕快回家。
待在家裡的阿嬤打開門看到我，大吃一驚，趕快把我帶回幼稚園。
這大概就是我小時候的大冒險吧，感覺很不可思議！

好勇敢啊！我應該不敢這樣做。
一來我很容易迷路，直到現在都是。
當時的你，穿越市場時，心裡有沒有很害怕？

有一幕我印象深刻，就是躲在牆角偷看爸媽出門，這景象倒是記得很清楚。害怕和假裝鎮定我想應該也有的。

我想就是一個小孩子一心一意要回家，什麼也不管了。

感覺「冒險」對小孩子來說，好像不用特別的計畫，可以這麼任性的發生了，可能是當下的 **「一心一意想要做什麼」** 的勇氣，覆蓋了恐懼或是擔心吧。

突然想起旭恭老師的另一本作品《只有一個學生的學校》，
小女孩暫時逃避學校學習的冒險，
過程中遇見的人、發生的事情，讓我深深著迷。

比方說，我很喜歡書裡小女孩找到自己祕密基地，安靜地坐在草地上，望著遠方的菜市場（咦？是同一個市場嗎？）、車站，和海邊。
我覺得小女孩在這場冒險裡，似乎找到、發現了什麼。

是同一個市場，小女孩看到的就是她自己的家。
小女孩在這場冒險裡其實隱含了老師希望教授的學科，
如自然、地理、體育和美術等。

**她也記錄了自己一天發生的事，其實也是她的小小歷史。
如果大人可以了解人們其實是在自由中長大，
那麼就不會硬要填滿小孩的生活。**

我喜歡「自己的小小歷史」這樣的説法。
每個人生命中，都能擁有屬於自己、閃閃發亮的冒險故事。
儘管過程中可能會有許多不確定性，
我還是想要很自由地探索這個世界。

自由地探索，這句話説的真好啊！
小孩總讓人感覺是很靈活的，
因為他們對這世界的一切充滿好奇心，也不受限制。

自由地探索會帶來新的啟發。
比方説，回到課堂，我和孩子一起玩程式的時候，
會刻意保留自由研究的時間，
讓孩子盡情的嘗試、實驗不同的做法。
很棒的想法和創意往往會在這個時候發生喔。

我覺得踏上冒險旅程那一刻開始，
就會很奇妙的開啟與自己的對話、
與周圍人事物的對話，以及與大自然的對話。

冒險旅程因為是處於不熟悉的地方，所以感官都會放大。
在旅途遇到的人事物和大自然，都會有種新鮮感！
也正因爲如此，所以不會理所當然的去看待周遭一切。
而且開始和身邊一切（包括自己）對話。

説一個故事：小杯子

小杯子和小花是主人在跳蚤市場發現，覺得很喜歡，然後把他們買下來、帶回家的新朋友。主人總會在吃早餐的時候，用小杯子盛裝牛奶，坐在客廳、靠近窗台邊的小桌子，一邊聽音樂、一邊看著窗外的風景。這個時候，小杯子可以和靜靜坐在窗台邊的小花說早安。

白天，主人會用小杯子盛裝熱熱的咖啡，打開電腦，一邊工作、一邊看著窗外的風景。這個時候，小杯子可以和靜靜坐在窗台邊的小花，訴說自己以前去過的地方，發生的故事。

夜晚，主人把小杯子沖洗乾淨，放在廚房高高的櫃子上。在關上櫃子的門之前，小杯子會和靜靜坐在窗台邊的小花互道晚安。

日子一天一天過去，小杯子和小花習慣了這樣的生活，他們很珍惜每天可以見面、一起聊天的時光。

這天早晨，小杯子發現主人沒有把他從櫃子拿下來，盛裝牛奶、吃早餐；白天應該工作的時間，仍然等不到主人把他從櫃子拿下來，注入熱熱的咖啡。隔天，還是沒有看見主人、也沒有聽見主人的聲音。

[註] 故事靈感來自 Oliver Jeffers 的《Once upon an Alphabet》。

日子一天一天過去，小杯子無奈地待在灰暗的櫃子裡；小花仍然靜靜地坐在窗台邊，
但是看起來有點悲傷，很想念小杯子。

終於來到這一天。
櫃子裡的小杯子聽見旁邊有窸窸窣窣的聲響，原來是小老鼠。小杯子問小老鼠，
「最近這幾天你有看見主人嗎？」小老鼠回答，「你不知道嗎？主人到很遠的地
方旅行了，下個月才會回來呢！」

啊！主人離開那麼久，小花有人幫她澆水嗎？想到這裡，小杯子好擔心。於是，小杯子請小老鼠幫他推
開櫃子的門，他準備要出發，帶著勇氣和涼涼的水，希望可以和坐在窗台邊的小花見面。

小杯子的冒險旅程就要展開了。從廚房到客廳，之前感覺好近，但是現在感覺好遙遠。

小朋友，接下來輪到你把故事繼續說完！小杯子的冒險發生什麼事？能夠得到朋友的幫忙嗎？你覺得小杯子可以在天黑之前，順利與小花見面嗎？

來玩程式吧！

小杯子就要展開一場探險！讓我們開始創作程式吧！
小杯子在過程中遇見什麼？發生什麼事？他會順利來到小花的身邊嗎？

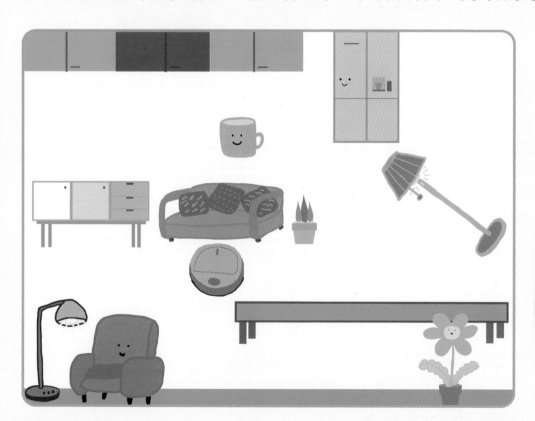

空白程式範例：

https://scratch.mit.edu/
projects/736599107/

完整參考作品：

https://scratch.mit.edu/
projects/555249358/

① 小杯子 | 小杯子的出發準備

為小杯子進行「初始」的設定。

當 ⚑ 被點擊 ·············● 用滑鼠點擊「小杯子」角色，為小杯子設置一開始出

定位到 x: -200 y: 120　　　　　發的位置，還有造型吧！

造型換成　微笑 ▼

說出 耶～出發吧！ 持續 2 秒 ···● 想一想，你覺得小杯子出發時，說了什麼呢？

HINT

你可以切換到「造型」頁籤，新增或編輯角色的造型。

在這裡範例，小杯子有「微笑」和「哎唷」兩個造型。

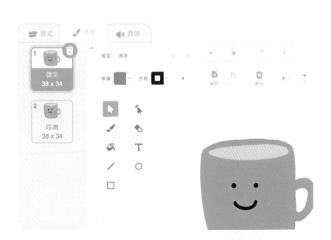

① 我是誰
② 場景
③ 禮物
④ 魔法
⑤ 畫畫
6
冒險
⑦ 失去與找到
⑧ 幽默感

② 小杯子｜讓小杯子動起來

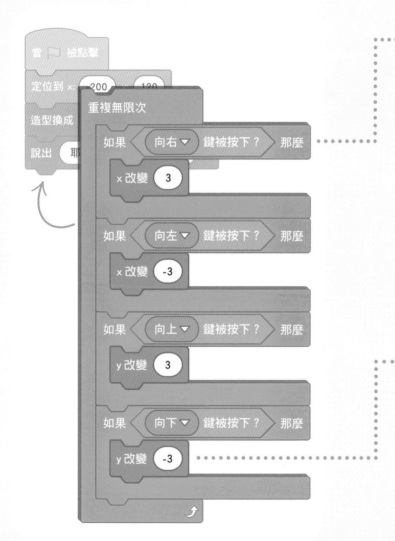

接下來，透過條件判斷的方法，控制小杯子在畫面上的移動吧！

從「控制」類別，使用【如果～那麼～】的條件判斷積木。比方說，如果按下向右鍵，那麼小杯子就會往右方移動 3 點。我們使用了 x/y 改變的動作指令積木，讓小杯子可以分別朝水平 (x) 或是垂直 (y) 的方向移動。依序建立不同方向鍵，讓小杯子可以自由地在畫面上移動吧！

● 這裡的負號「 - 」代表的是相反的方向。

點擊 ⚑ 後，按下不同的方向鍵移動看看吧！

❸ 小杯子 | 哎唷！小杯子撞到家具了？

以「有沒有碰到家具」作為條件判斷的描述，來編寫程式吧！

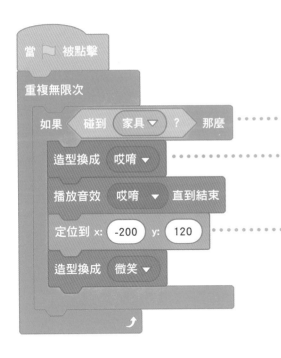

當 🏳 被點擊

重複無限次

　如果 碰到 家具 ▼ ？ 那麼

　　造型換成 哎唷 ▼

　　播放音效 哎唷 ▼ 直到結束

　　定位到 x: -200 y: 120

　　造型換成 微笑 ▼

● 小杯子移動的時候，如果碰到家具的話，就會讓小杯子返回原本的出發地。

從「控制」類別中，同樣使用【如果～那麼～】的條件判斷指令積木，在六角形的條件描述欄位中，放入「偵測」類別的指令積木：〈碰到～？〉，並選擇「家具」。

● 這裡的條件描述是「有沒有碰到家具」。如果碰到家具了，就會將造型切換成「哎唷」，接著播放「哎唷」的音效。

● 然後，將小杯子送回出發地點，並且將造型切換成一開始的「微笑」。

1 我是誰

2 場景

3 禮物

4 魔法

5 畫畫

6 冒險

7 失去 與找到

8 幽默感

④ 掃地機器人｜哇！出現掃地機器人

為掃地機器人進行設定。

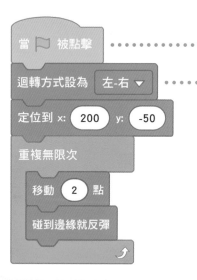

當 ▶ 被點擊

迴轉方式設為 左-右 ▼

定位到 x: 200 y: -50

重複無限次

　移動 2 點

　碰到邊緣就反彈

● 用滑鼠點按「掃地機器人」角色，在它的程式編輯區加入
這個程式區塊，就會讓掃地機器人會在畫面上左右來回、
連續不斷地移動唷！

● 這個指令積木的目的是讓掃地機器人如果碰到邊緣反彈
時，不會上下顛倒。

小杯子不要
碰到我啊！

⑤ 小杯子｜小心！別撞到掃地機器人

將「掃地機器人」也加入條件判斷的描述中。

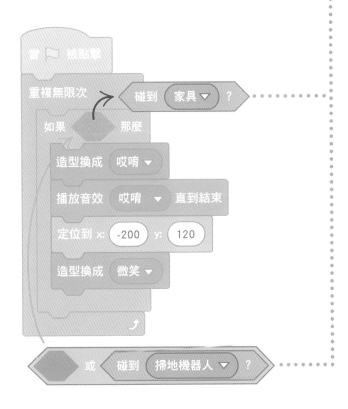

點擊「小杯子」角色，在原本步驟 3 的程式區塊，從「運算」類別中，拖曳指令積木的〈～或～〉，將原本的〈碰到家具〉和新增的〈碰到掃地機器人〉的條件描述放進來，這樣就完成囉！

⑥ 小杯子｜遇見小花

完成冒險迷宮遊戲最後的設定吧！

當 ⚑ 被點擊

等待直到 〈 碰到 小花 ▼ ？ 〉

播放音效 Magic Spell ▼

停止 這個物件的其它程式 ▼

說出 ⬭ 持續 ② 秒

停止 全部 ▼

● 在【等待直到：碰到小花】的條件判斷指令積木後添加程式指令，讓小杯子碰到小花後，會播放背景的音效，並且與小花說說話。

● 播放一段背景的音效。

● 讓小杯子不能再透過方向鍵控制移動。

● 你覺得在小杯子和小花相遇的時候，會說什麼呢？

● 停止每個角色正在執行中的程式。

思考小體操

○ 客廳的立燈感覺像是和小杯子作對，擋住小杯子的前進。如何編寫程式控制立燈，讓它慢慢地傾倒，過了幾秒後，它又會慢慢地回正呢？

💡 使用重複迴圈和【左轉～度】【右轉～度】指令積木。

○ 小杯子前進的時候，碰到了冰箱哥哥，冰箱哥哥為他加油，說了一段話。程式應該如何編寫呢？

💡 在冰箱哥哥角色裡，使用【等待直到：碰到小杯子】的指令。

○ 小杯子來到窗邊，遇見小花，覺得好開心。你可以編寫程式，讓小杯子興奮地上下跳動嗎？

○ 小杯子必須把握冒險的時間！因為場景會逐漸地從白天變成黑夜，小杯子就無法繼續前進了。想一想，如何讓場景會逐漸地變暗呢？

💡 為背景編寫程式，從「外觀」類別中，找到【圖像效果亮度改變～】的指令，並填入負的數值。

⑦ 失去與找到

「失去的東西，最後會以另一種形式返回我們的身邊。」
好不容易找回了失去的東西，它還會和原本的一模一樣嗎？

作家遇見工程師：關於「失去與找到」

最近聽到一個故事。有個人採訪愛因斯坦時，詢問他：「你會隨身攜帶記錄靈感的筆記本嗎？」愛因斯坦有點驚訝的回答：「沒有這個必要啊！因為我幾乎很少得到靈感。」

靈感稍縱即逝，是很玄妙的東西。旭恭老師身邊有記錄靈感的小本子嗎？

我也沒有記錄靈感的小本子。如果有想到什麼有趣的點子，我會一直想，還會告訴別人，這樣多講幾次，自然就記起來了。

告訴別人自己的靈感是個好點子呢！
在分享的過程，靈感可能又會變成另一種形狀，或是長出一些新的東西。

有時候，看一些書或是電影，也會讓我有一些想法。

或是，佛系一點，時間到了，想法自然會跑出來。

所以，我有點羨慕《田鼠阿佛》裡面只要專注滋養靈感的阿佛。
當其他田鼠都忙碌辛勤的工作，只有阿佛在收集陽光、顏色，還有
文字。但是，等到冬天到了，阿佛就為大家帶來詩和溫暖。

田鼠阿佛很棒啊！
我前陣子讀到一本書，大意是說我們現代人有點過度努力，覺得不
工作會有罪惡感，也無法放鬆。或許我們也該常常無所事事，悠閒
一點，才會好好的享受生活。

真的是如此！我覺得要定期提醒自己：「我現在要無所事事一下喔。」
然後在額頭按下暫停鍵。

記得有一回，花了一整天幫程式抓蟲，但是毫無進展。後來，決定暫
離螢幕一下。隨手拿起《威利在哪裡》，尋找躲藏在書頁中的威利。

我發現，當自己用力又專注的時候，有時候反而很難找到威利；
當心情比較放鬆，就會不經意發現威利其實在一個很平凡的角落。

我最近也有看《威利在哪裡》，我們的找法是一次搜尋一小塊。
你說的很對，太用力找反而會找不到。

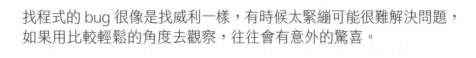

找程式的 bug 很像是找威利一樣，有時候太緊繃可能很難解決問題，
如果用比較輕鬆的角度去觀察，往往會有意外的驚喜。

旭恭老師最近有沒有印象深刻的**「無所事事的時光」**？

前陣子小孩班上有同學確診，因此我和他在家隔離三天。
這三天我大多在煮飯、澆花、洗碗，有空的時候就看看書。
我想這大概也是一般人所謂無所事事的時光吧。

我沒有獲得什麼，但是我覺得自己比較有像在生活的感覺。
因為以前很多時候心裡掛念的都是工作，總想著什麼事情還沒有
完成。

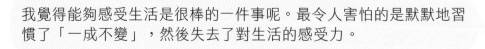

我覺得能夠感受生活是很棒的一件事呢。最令人害怕的是默默地習
慣了「一成不變」，然後失去了對生活的感受力。

相對於大人的「一成不變」，我發現小孩的生活比較像「隨機」的，
就是不是按照計畫前進的，通常都是想到什麼就去做什麼，非常有趣。

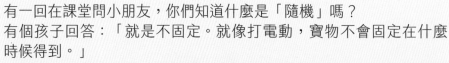

有一回在課堂問小朋友，你們知道什麼是「隨機」嗎？
有個孩子回答：「就是不固定。就像打電動，寶物不會固定在什麼
時候得到。」
我覺得他的答案很好。**「隨機」讓事情的發生不固定，也因為這樣
的無法預測，才有驚喜好玩的感覺。**

旭恭老師的作品《車票去哪裡了？》恰好呼應了最近的疫情生活。
因為突然來的一陣風（疫情），把大家的車票（計畫）吹得好遠。
司機先生和乘客們，偏離原本的道路，從城市開往不可思議的地方、
也遇到不同的困難。大家漸漸成了患難好友，堅持信念、彼此幫忙，
只為順利追回車票。

他們尋找的車票每張都不一樣，所以找車票的過程也像是找自己的
過程。
因為**我們太在意各種計畫和目標，忘記了真正重要的是好好享受旅程。
後來他們透過給予的方式，反而找到自己失去的。**這也是很耐人尋
味的。

故事中的乘客失去了車票，卻在意外的情況下，找到生命的意義。

所以我們想要得到什麼，就得先給予。
相反的，當我們得到什麼，其實同時也失去了什麼。

旭恭老師將追回車票比喻為找回自己的過程，我覺得很動人。
失去與找到是一體兩面的。故事的創作是否也像一趟不斷地失去，
也不斷地找到的旅程？最後的終點，可能已經不是當初計劃的目的
地了？

對的！故事的創作有點像在做實驗，雖然有個模糊的目標，但是不
太知道最後的結果是什麼。感覺有點像是散步或探險。
所謂的**失去應該是離開預設的路線，找到的就是無意間遇到的意外
的驚喜。**

説一個故事：失去顏色的彩虹

這場雨，不知道是從什麼時候開始下的。三天過去了，十天過去了，一個月過去了。這座城市因為雨水不斷地沖刷，變得灰灰白白一片；人們也習慣了每天出門的時候，都會帶把傘。就這樣經過了一年。這天，像是有人突然把天空的水龍頭關緊了，雲層漸漸散去，雨水不再落下，太陽總算露出久違的笑臉。

沉睡的小彩虹，接到太陽公公的任務後，立刻醒了過來，
出現在天空，伸了伸懶腰，很努力地想要綻放耀眼的顏色。

「小彩紅，你身上顏色怎麼不見了？」太陽公公詢問。
這時候，小彩虹很驚訝地發現身上的顏色變得好淡好淡，
只剩下幾處斑駁的色彩。

小彩虹心想，「會不會是我睡得太久了，所以失去了原來的顏色？」
「我想要把失去的顏色找回來！」於是，小彩虹離開了天空，跑到山谷裡。
小彩虹遇見了黃橙色的小楓葉，和小楓葉變成好朋友，一起開心地玩捉迷藏。

「謝謝小楓葉陪我玩，但是我要離開了。」　「為什麼不待久一點？」
「因為我想要把失去的顏色找回來！」　　「那麼，我把橙色送給你！」

離開山谷的小彩虹，身上染著小楓葉送的橙色，來到了大海。小彩虹和海浪開心地追逐一群海豚，湛藍的海水好涼快喔！

「謝謝海浪陪我玩，但是我要離開了。」　「為什麼不待久一點？」
「因為我想要把失去的顏色找回來！」　　「那麼，我把藍色送給你！」

離開大海的小彩虹，身上染著海浪送的藍色，來到一片盛開美麗花朵的草原。小彩虹和好久不見的小花，天南地北地聊天。

「謝謝小花陪我玩，但是我要離開了。」　　　「為什麼不待久一點？」
「因為我想要把失去的顏色找回來！」　　　「那麼，我把紅色送給你！」

離開草原的小彩虹，抬頭望見夜空中的星光閃爍，彎彎的
月亮對著他微笑，才發現已經是晚上了。小彩虹心裡
想著：「明天醒來，再繼續找吧！」然後，在規律
的蟲鳴聲，還有鵝黃色月光的溫柔陪伴，倚靠著
大樹靜靜地睡去……

小朋友，接下來輪到你把故事繼續說完！小彩虹醒過來後，又去哪裡了呢？小彩虹有找到自己想要的顏色嗎？

來玩程式吧！

小彩虹一覺醒來，發現身上的顏色不見了，
小彩虹會到哪些地方尋找自己的顏色呢？

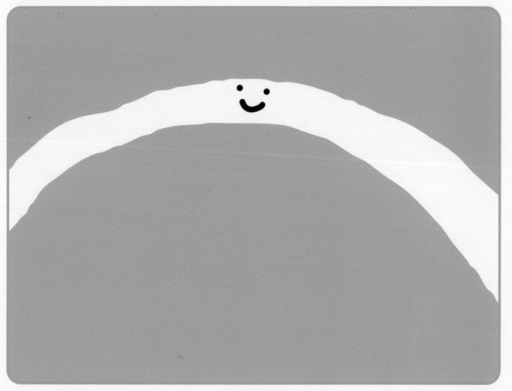

空白程式範例：

https://scratch.mit.edu/
projects/739507266/

完整參考作品：

https://scratch.mit.edu/
projects/701189914/

① 小彩虹｜發現身上的顏色不見了

為小彩虹進行「初始」的設定

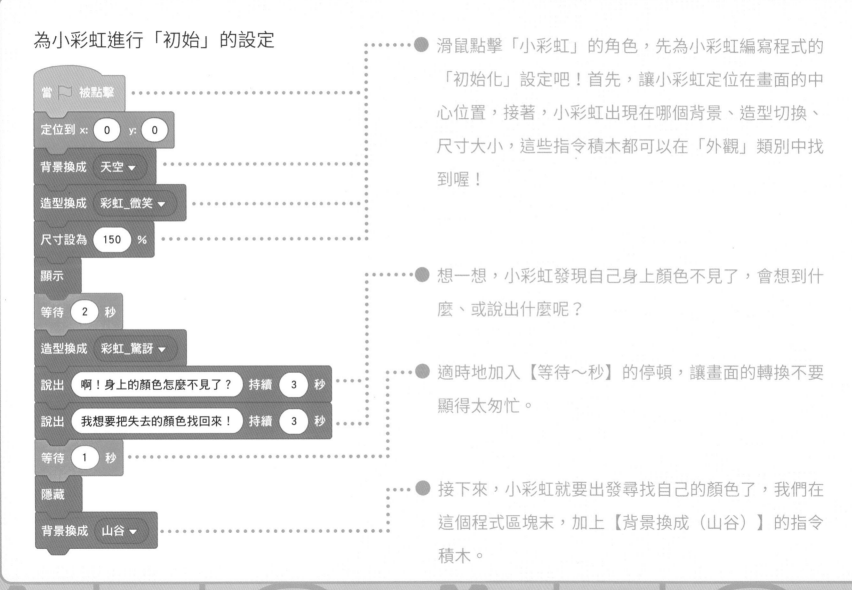

當 ▶ 被點擊

定位到 x: 0 y: 0

背景換成 天空 ▼

造型換成 彩虹_微笑 ▼

尺寸設為 150 %

顯示

等待 2 秒

造型換成 彩虹_驚訝 ▼

說出 啊！身上的顏色怎麼不見了？ 持續 3 秒

說出 我想要把失去的顏色找回來！ 持續 3 秒

等待 1 秒

隱藏

背景換成 山谷 ▼

● 滑鼠點擊「小彩虹」的角色，先為小彩虹編寫程式的「初始化」設定吧！首先，讓小彩虹定位在畫面的中心位置，接著，小彩虹出現在哪個背景、造型切換、尺寸大小，這些指令積木都可以在「外觀」類別中找到喔！

● 想一想，小彩虹發現自己身上顏色不見了，會想到什麼、或說出什麼呢？

● 適時地加入【等待～秒】的停頓，讓畫面的轉換不要顯得太匆忙。

● 接下來，小彩虹就要出發尋找自己的顏色了，我們在這個程式區塊末，加上【背景換成（山谷）】的指令積木。

1 我是誰

2 場景

3 禮物

4 魔法

5 畫畫

6 冒險

7 失去與找到

8 幽默感

② 小楓葉｜好多好多楓葉

 HINT

如何製作「分身」？

我們想要在畫面上產生 100 片楓葉，和小彩虹一起玩捉迷藏！也許你會想：「複製小楓葉角色 100 次！」這樣就可以在畫面上出現 100 片楓葉了，但一想到用滑鼠點擊及複製角色 100 次，聽起來就有點累人！在這裡介紹「控制」類別積木裡的「分身」功能，它可以更容易地解決這樣的問題。什麼是「分身」呢？「分身」在程式裡的意思是複製角色自己，並且我們可以決定分身在程式中要執行的任務或是動作。

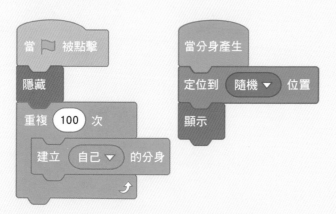

如果我們想要產生 100 片楓葉的分身，利用重複 100 次的迴圈，這裡的「隱藏」會讓角色的「本尊」不要出現，因為接下來的工作交由分身代勞！另外，在【當分身產生】的指令積木下方，描述角色的分身產生後，希望分身完成什麼任務。

編寫這兩個程式區塊，執行程式後，畫面上會出現 100 片楓葉的分身，並且定位在畫面的隨機位置上！

② 小楓葉｜好多好多楓葉

製作小楓葉的「分身」。

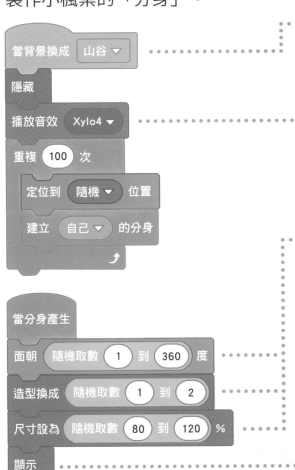

● 為了讓小楓葉的分身是在背景變成「山谷」後才出現，將【當綠旗被點擊】換成【當背景換成（山谷）】。

● 加入背景的音效，搭配畫面會更加生動！

● 在【當分身產生】的指令下方，加入【面朝（隨機取數 1 到 360）度】讓小楓葉不會以固定的角度出現。程式範例中，有兩種不同造型的楓葉，我們也可以讓楓葉的造型隨機變換。最後是有大有小的楓葉，就利用【尺寸設為（隨機取數 80 到 120）%】來達成囉！

● 因為小楓葉一開始是隱藏的，記得在【當分身產生】指令區塊最末，加上【顯示】的指令，這樣分身才會出現在畫面上喔！

1 我是誰

2 場景

3 禮物

4 魔法

5 畫畫

6 冒險

7 失去與找到

8 幽默感

❸ 小彩虹｜和小楓葉玩捉迷藏

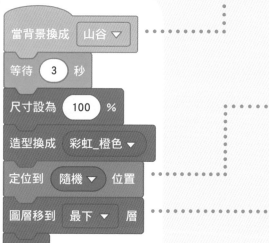

● 滑鼠點擊「小彩虹」的角色。在這個步驟，我們要讓小彩虹和小楓葉玩捉迷藏的遊戲。使用【當背景換成（山谷）】作為事件的觸發。

● 等待一小段時間後（在這裡使用【等待 3 秒】），讓小彩虹變換造型後，定位在隨機的位置。

● 等待 3 秒後，讓小彩虹變換造型，然後定位在隨機的位置。此外，我們使用「外觀」類別的【圖層移到（最下）層】的指令積木，可以讓小彩虹躲藏在楓葉底下喔！

執行目前已經完成的程式，你可以找到我藏在哪裡嗎？

HINT

認識【函式】積木

在這個步驟，我們將使用【函式】積木來描述「怎麼找到小彩虹，然後，又發生什麼事？」。

簡單來說，**函式積木讓我們能夠建立自己想要的指令功能，在程式需要使用的時機，可以再拿出來使用。**

因為小彩虹除了到山谷，接下來還會到大海和草原，在程式執行過程中，預期會重複發生「怎麼找到小彩虹，然後，又發生什麼事？」的情況，因此，我們可以編寫一個函式積木，等到想要使用的時候，就可以重複地運用，不必再重新寫一串長長的程式，也可以讓你的程式變得清爽又簡潔呢！

① 我是誰
② 場景
③ 禮物
④ 魔法
⑤ 畫畫
⑥ 冒險
7 失去與找到
⑧ 幽默感

④ 小彩虹｜找到你了！

```
定義　找到小彩虹了

等待直到 〈 碰到 鼠標▼ ？ 且 〈 滑鼠鍵被按下？ 〉

定位到 x: 0 y: 0

圖層移到 最上▼ 層

播放音效 Magic Spell▼

重複 10 次
    圖像效果 亮度▼ 改變 10
    ↻

重複 10 次
    圖像效果 亮度▼ 改變 -10
    ↻

說出 謝謝你陪我玩！ 持續 2 秒

說出 我要繼續去找自己的顏色。 持續 2 秒

等待 1 秒

隱藏
```

● 從積木類別點選「函式」，建立一個名字為【找到小彩虹了】的函式積木，然後，將這個函式積木拖曳到程式編輯區，在【定義（找到小彩虹了）】的積木下方，添加其他指令積木。

● 使用「控制」類別積木中的【等待直到】指令積木，將「運算」類別中的〈～且～〉放入六角形的欄位中，再分別加入〈碰到鼠標？〉以及〈滑鼠鍵被按下？〉的條件判斷。意思是說，滑鼠的鼠標碰到小彩虹並且點擊小彩虹的兩個條件都達成了，才會繼續執行接下來的指令。

● 當我們找到了小彩虹，它會出現在畫面的中央以及楓葉的最上層，可以使用亮度的改變，讓小彩虹有閃耀的感覺。最後，再讓小彩虹說出兩句話，告別小楓葉，就隱藏起來。

⑤ 小彩虹｜呼叫函式積木

將函式積木放進程式中。

● 函式積木必須被主程式「呼叫」到才能夠執行。因此，拖曳【找到小彩虹了】到步驟 3【當背景換成（山谷）】的程式區塊的「顯示」指令後方，這樣就完成了。

● 最後，在【找到小彩虹了】函式積木之後，添加【背景換成（大海）】的指令積木，因為小彩虹要繼續出發到大海，尋找顏色囉！

 HINT

每當一個步驟完成後，都要記得執行目前已經完成的程式，看看結果是否和預期的相同；如果結果不同的話，我們就要仔細檢查自己的程式指令是否有小蟲 (bug) 在搗亂，造成程式出錯了喔！接下來，小彩虹會繼續到大海、草原等不同的地方尋找自己的顏色。仿照前面步驟 2、3、4 和 5 的方法，來完成小彩虹的捉迷藏吧！

① 我是誰
② 場景
③ 禮物
④ 魔法
⑤ 畫畫
⑥ 冒險
7
失去
與找到
⑧ 幽默感

6 小彩虹｜找到自己的顏色

當背景換成 草原 ▽

等待 3 秒

尺寸設為 100 %

造型換成 彩虹_紅色 ▽

圖層移到 最下 ▽ 層

定位到 隨機 ▽ 位置

顯示

找到小彩虹了

背景換成 天空 ▽

造型換成 彩虹_找回顏色 ▽

尺寸設為 120 %

顯示

滑行 1 秒到 x: 0 y: -50

說出 謝謝你！讓我找回自己的顏色！

重複 200 次

圖像效果 顏色 ▽ 改變 5

圖像效果清除

說出

當小彩虹尋找顏色的旅程就要結束了，我們可以讓小彩虹再次出現在天空上！在【當背景換成（草原）】的程式區塊後方，編寫指令積木，改變小彩虹的造型、並且讓它可以像是變魔術般地變換顏色吧！

思考小體操

○ 如果想要在畫面上增加楓葉（或海浪、花朵）的分身數量，請問可以怎麼做呢？

○ 找到小彩虹時，它會出現並且改變亮度。還有有其他的作法，讓小彩虹用不同的方式出現呢？比方說，放大縮小數次、在畫面旋轉幾圈⋯⋯等等。

○ 試著閱讀【海浪】的程式指令，說說看，使用了哪些指令積木，讓海浪的分身可以連續不斷地由右向左移動呢？

○ 如果想要增加一個森林的場景，讓小彩虹和樹葉玩捉迷藏的遊戲，想一想，應該要怎麼做呢？

⑧ 幽默感

情節動人又好笑的故事讓人喜歡，而且印象深刻。
如何在生活裡用幽默的態度去看待這世界，是最重要的一件事！

作家遇見工程師：關於「幽默感」

旭恭老師先前推薦幾部喜劇電影好好看，好久沒有那樣瘋狂大笑了，心情也變得好好！

我自己很喜歡看喜劇電影，但是我發現要找到真正幽默的電影很難。很多影片常常賣弄低級或是自以為有趣，其實不太好笑，這時候就會覺得很尷尬。

不知道你有沒有看過卓別林的《摩登時代》，我覺得非常好看！真的很好笑，但是劇情也很感人，真的是一部很棒的電影。

很多年前看過《摩登時代》。印象很深刻的是主角在百貨公司矇眼溜冰、和女孩在破舊房子吃早餐，還有影片尾聲的獨唱，既幽默又有詩意。

還有最後一幕，卓別林告訴女孩，「保持微笑……別放棄，繼續走下去！」的畫面，是我最感動的地方。

正華，你真的好感性啊！我自己雖然也喜歡這些片段，
但是對於搞笑情節的印象似乎更深刻，哈！

我覺得每個人的生命都會遇到艱難的時刻，如果能夠用卓別林式的
幽默去面對，就可以把愁雲慘霧轉化為喜劇。

前陣子我們家把《六人行》的影集看完，這真的是一部很棒的影集！
其中有成長、悲傷、快樂等等，最重要的是裡面有很多幽默的橋段。
**我覺得重要的不是去想一個好笑的情節，
而是如何在生活裡用幽默的態度去看待這世界。**

「用幽默的態度去看待這世界」這句話實在太棒了！
我覺得如果在一個原本看似嚴肅的故事裡，加入一些幽默的元素，可
以引發更多的共鳴。但是，如何在故事中添加幽默的橋段，又不顯得
刻意，旭恭老師有沒有什麼建議呢？

我覺得幽默有時來自一種自我解嘲，荒謬的情境，想像的反差等。
如果想要刻意加入幽默橋段，我覺得有點難，因為通常故事會反映
創作者的個性。若是創作者本身是幽默的，那麼可以將生活中有趣
的事情，或自己的奇思妙想寫進故事。應該會很好玩的！

旭恭老師的作品《當小偷的第一天》，就是一個很好玩的故事！
故事開始時，小偷們和貓老大的對話，像是天真的孩子和大人日常
會發生的情境，既幽默又充滿生活感！

小偷們帶回來的東西都是他們喜歡，但不一定值錢的東西，甚至還
帶來了麻煩！這是小孩觀點和大人不同所造成的。

我的小孩就經常收集一些奇怪的東西，比方説，飲料瓶蓋、冰棒棍、
壞掉的筆……有時會被我丟掉。然後他説，怎麼可以丟掉他的回憶！

對了，故事裡還有小偷們逃獄的過程，小狐狸竟然跳進了馬桶……
碰到令人意想不到的事情也很爆笑。

小偷們逃走的路徑包括一般人想不到的地方，
還有迷路和各種驚險狀況等，
這也是小孩不按牌理出牌常出現的情況。

不按牌理出牌的小孩常常會讓爸爸媽媽抓狂，哈哈！

小孩天生就有幽默感，因為他們看待事情不會太嚴肅，
也不會去想做這件事是否有價值或意義，
很多時候，他們憑著直覺和喜好，總是勇於嘗試。

不知道我的理解是否正確？如果一位故事創作者充滿「童心」，能夠從小孩的視角去描繪這個世界遇見的每個事物，就會想像出許多很好玩的觀點。

你的理解是正確的！**如果創作者充滿了童心，就可以不依循既有的規則，會有很多天馬行空的想法，看待世界的方式也不同了！**

我覺得大人能夠保有童心也很重要，特別是長大後背負的義務愈來愈多的時候，更需要幽默感來支撐。

我們長大的過程中被教導要持續努力上進，把自己弄得很嚴肅，也讓人疲倦，而忘記自己心中其實有一個小孩子住在裡面。

大概沒有一個小孩不喜歡笑吧，幽默感大概就是常常去做會讓自己發笑的事！

卓別林說過一句話：
「這一天如果沒有歡笑，也就是虛度了。」

所以，讓自己像個孩子一樣的歡笑和生活吧！

説一個故事：點點王國

點點王國是全世界最安靜的地方。

點點王國的國王喜歡安靜，他從來沒有大聲説話，或是歌唱。他立下了許多保持安靜的規定，點點王國的所有人都要遵守。

所以，當你走在點點王國的森林裡，幾乎聽不到昆蟲的鳴叫或是動物發出的任何聲響；風吹過樹冠，葉子會忍住不發出沙沙的聲音；下雨天，你要非常貼近地面才聽得到雨水落在泥土的聲音；人們交談的時候，會使用表情和肢體語言，不然耳朵就必須很靠近對方的嘴巴才聽得到説話的聲音。

每個人心裡都把「保持安靜」當作最重要的一件事。

有一天，從遙遠國度飛來了一隻金色小鳥。金色小鳥的歌聲嘹亮悦耳，輕快美妙的音符，劃破了點點王國長久以來的寧靜。

點點王國的點點們，完全沉醉在金色小鳥的歌聲裡。

「我們一起來唱歌吧！」金色小鳥用歌聲呼喚。

點點王國的點點們也想要像金色小鳥自由地唱歌，但是，又擔心吵到國王、破壞安靜的規定。所以，金色小鳥告訴他們，可以跳躍到很高很高的天空唱歌，這樣一來，國王應該就聽不見了。

點點們也發現：當自己跳得愈高，身體會變小、歌聲就愈高；不同顏色的點點，還會發出不同的音色。

有些頑皮的點點，還會故意在地面哼起低沉滑稽的曲調，然後，倏地跳往天邊，隨即唱出高亢的歌聲。愈來愈多的點點加入這個遊戲，頓時編織出一場美妙的聲音嘉年華。

可是，當成千上萬的點點一起跳躍、一起歌唱的時候，國王怎麼可能聽不見呢？

於是，被吵醒的國王命令士兵們，把帶頭唱歌的金色小鳥抓下來……

小朋友，接下來輪到你把故事繼續說完！金色小鳥到底有沒有被國王抓到呢？這群點點們又做了什麼事情呢？

來玩程式吧！

點點王國的點點們，在金色小鳥帶領下，學會了大聲歌唱！
讓我們用程式創作一場幽默有趣的聲音嘉年華！

空白程式範例：

https://scratch.mit.edu/
projects/739495927/

完整參考作品：

https://scratch.mit.edu/
projects/555143160/

❶ 背景｜點擊舞台，建立點點分身

建立點點的「分身」。

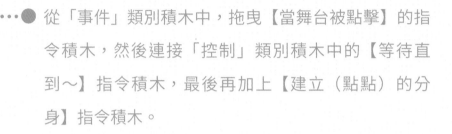

● 從「事件」類別積木中，拖曳【當舞台被點擊】的指令積木，然後連接「控制」類別積木中的【等待直到～】指令積木，最後再加上【建立（點點）的分身】指令積木。

● 【等待直到～】指令積木放入的六角形條件判斷，主要描述的是「沒有按下滑鼠鍵」的情況發生時，才會繼續執行其後的【建立（點點）的分身】指令積木。

❷ 點點｜當分身產生時

為「點點」的分身編寫程式！

當 ▶ 被點擊
隱藏

當分身產生
定位到 鼠標 ▼ 位置
造型換成 隨機取數 1 到 5
拖曳方式設為 可拖曳 ▼
顯示

● 點擊角色「點點」，建立這個程式區塊讓點點的「本尊」隱藏起來。

● 從「控制」類別積木中，拖曳【當分身產生】的指令到程式編輯區，從「動作」類別積木中，選擇【定位到（鼠標）位置】的指令積木，如此一來，點點的分身就會出現在滑鼠所點擊的舞台坐標位置囉！

● 這個範例中，設計了 5 個不同顏色的點點。從「外觀」類別積木中，使用【造型換成（隨機取數 1 到 5）】，目的是每次出現的點點分身都是隨機、不固定的造型。

● 如果想要使用滑鼠，拖曳畫面中出現的點點到想要的位置，可以從「偵測」類別積木中，選擇【拖曳方式設為（可拖曳）】指令積木。記得在【當分身產生】指令區塊最後加上【顯示】，這樣分身才會出現在畫面上喔！

③ 點點｜不同造型不同演奏樂器

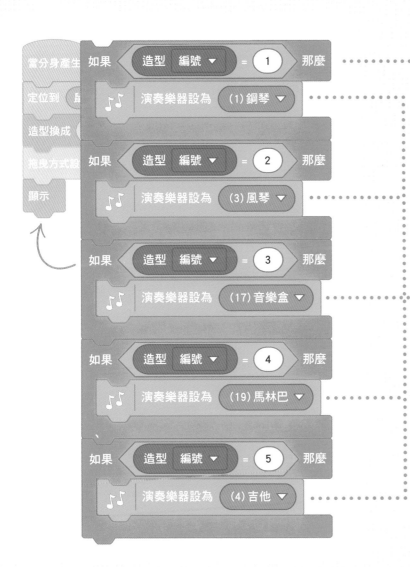

使用「控制」類別的【如果～那麼～】指令積木，並在六角形的條件描述欄位中，加入【造型編號】的條件判斷，例如，如果此時隨機產生的分身造型編號為 1，就指定演奏的樂器為【鋼琴】；如果此時隨機產生的分身造型編號為 2，就指定演奏的樂器為【風琴】。

依序為五個不同造型的點點加上相對應的條件判斷及指定的樂器。在【演奏樂器設為～】指令積木，從下拉選單發現，一共有 21 種不同的樂器可以使用喔！你可以自己選擇喜歡的樂器，讓點點發出此樂器的聲音。

① 我是誰

② 場景

③ 禮物

④ 魔法

⑤ 畫畫

⑥ 冒險

⑦ 失去與找到

⑧ 幽默感

④ 點點｜不同高度演奏不同的音階

● 上下的高度和舞台 y 座標有關，因此，我們在【演奏音階】的指令積木第一個欄位，加入了一個數學運算，目的是讓點點在不同的高度，可以演奏出不同的音階。

● 我們使用了 3 個【演奏音階】的指令積木，你可以試著改變積木中數學運算的分母，或是節拍數字。記得執行程式，聽聽看有什麼不同。

● 使用【尺寸設為～%】的指令積木，搭配此時分身的【y 座標】數學運算。當你用滑鼠拖曳不同點點在不同高度位置時，它的尺寸大小也會跟著改變喔！程式中第一個與最後一個【尺寸設為～%】的指令積木有什麼不同呢？最後的【尺寸設為～%】指令積木在數學運算加入了「乘以 0.8」，目的是讓點點發出聲音後，外觀會稍微縮小。

完成這個程式區塊後，記得將它連接到上個步驟的條件判斷指令積木下方。 按下綠旗後，試試用滑鼠點擊舞台，執行程式吧！

⑤ 點點｜讓點點在畫面上隨機滑行

設定一個頑皮的點點在地面哼起低沉的聲音，然後一下子跳往天邊，唱出高亢的歌聲。

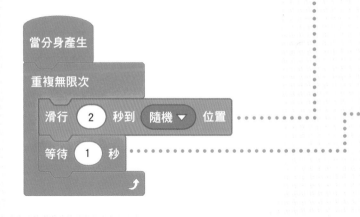

除了使用滑鼠拖曳點點到想要的位置，我們也可以讓每個點點在畫面上隨機的移動。從「控制」類別中，拖曳【當分身產生】的指令積木，添加【滑行～秒到（隨機）位置】的動作指令積木。

如果想要讓點點移動到某個地點可以稍微停留一下，可以在滑行動作後，加上【等待 1 秒】。最後，將這兩個積木放進【重複無限次】的迴圈裡，這樣就可以讓每個點點在畫面上隨機移動囉！

當角色被點擊

分身刪除

● 如果在舞台畫面上不斷點擊、一下子出現太多的點點，我們也可以使用滑鼠點擊任何一個點點，讓它消失。從「事件」類別中，拖曳【當角色被點擊】的指令積木，將「控制」類別的【分身刪除】指令積木連接起來，就可以囉！

● 因為每個點點都是運用建立分身的方式產生的，因此，如果要讓任何一個點點消失，就要使用【分身刪除】的指令。

思考小體操

○ 如果想要增加其他不同造型或顏色的點點，請問可以怎麼做呢？

○ 如果想要讓金色小鳥在畫面左右來回飛翔或移動，你知道如何編寫程式嗎？

○ 如果想要讓每個點點歌唱的旋律變得更豐富，或是改變不同的演奏樂器，你會怎麼做？

○ 試試看，在原有的 3 個演奏音階後，加上滑稽有趣的音效吧！

  💬 從「音效」頁籤選擇一個音效，你可以在「滑稽」類別的音效中，聽到許多很好玩的聲音喔！

國家圖書館出版品預行編目資料

想像力面對面：我的故事大冒險／黃正華,劉旭恭著;
許增巧繪.――初版一刷.――臺北市：三民，2023
面；　公分.――（科學童萌）

ISBN 978–957–14–7461–8　（平裝）
1. 說故事 2. 自由聯想 3. 初等教育

523.316   111007386

想像力面對面──我的故事大冒險

作　　　者	黃正華　劉旭恭
繪　　　者	許增巧
責任編輯	朱永捷
美術編輯	張長蓉

發 行 人	劉振強
出 版 者	三民書局股份有限公司
地　　　址	臺北市復興北路 386 號 (復北門市) 臺北市重慶南路一段 61 號 (重南門市)
電　　　話	(02)25006600
網　　　址	三民網路書店 https://www.sanmin.com.tw

出版日期	初版一刷 2023 年 1 月
書籍編號	S300380
I S B N	978-957-14-7461-8